# Graupapageien

# Graupapageien

## Artgerecht halten, pflegen und züchten

von Werner Lantermann

CADMOS

Gestaltung und Satz: Ravenstein + Partner, Verden
Lektorat: Dr. Gabriele Lehari
Fotos: C. Conrad, F. Pfeffer, W. Lantermann
Druck: Landesverlag, Linz


Printed in Austria

ISBN 3-86127-075-7

# Inhalt

# Inhalt

# Inhalt

*Der Graupapagei ist schon seit langer Zeit eine der beliebtesten Papageienarten. (Foto: Conrad)*

# Einführung

Der Graupapagei ist seit Jahrzehnten Inbegriff des sprechenden und nachahmenden Stubenvogels, den fast jedes Kind kennt, zumindest dem Namen nach. Und entsprechend ist die Liebhaberliteratur voll von Berichten, in denen diese Fähigkeiten immer wieder beschrieben und in den schönsten Farben ausgemalt werden. Kaum ein Autor dagegen hat sich bisher mit dem natürlichen Verhalten der Art auseinander gesetzt. Freilandberichte und -fotos sind nur spärlich vorhanden, und selbst ausführliche Beschreibungen des Verhaltens artgemäß gehaltener Vögel in Menschenobhut sind selten. Dies lässt den Schluss zu, dass gerade der Graupapagei unter den Vogelliebhabern doch allzu sehr funktionalisiert wird, dass sich – außer für seine Lautäußerungen – kaum jemand wirklich für ihn interessiert. Als sensibles, hochsoziales biologisches Wesen mit einer Vielzahl spezifischer

Bedürfnisse und Haltungsansprüche vermochte ihn offenbar kaum jemand zu sehen. Und erst in den letzten Jahren, seitdem die Importe der Wildvögel immer mehr zurückgehen, befasst man sich auch mit der Zucht der Art und musste sich dabei zwangsläufig um die artgerechten Haltungsbedingungen bemühen.

In diesem Buch will ich das Bild des Graupapageien, wie es lange Jahre vor allem in der Ratgeberliteratur gepflegt wurde, ein wenig korrigieren und den Blick des Lesers auch auf andere Aspekte richten, wie zum Beispiel die Beobachtung des Verhaltens bei der Paar- und Gruppenhaltung.

Berühmt ist und war der Graupapagei zu allen Zeiten, in denen Menschen Papageien hielten, durch seine besondere Fähigkeit der Nachahmung von Lauten, Pfiffen und menschlichen Worten. Kein anderer Papagei ist ihm in dieser Hinsicht ebenbürtig. Und unter den übrigen Vögeln erreicht lediglich der Beo, ein Starenvogel aus Asien, seinen Nachahmungsstandard. Vielfältig und teilweise fast unglaublich sind die Geschichten, die Liebhaber über die Sprechbegabung des Graupapageien erzählen.

Auf der anderen Seite gibt es bei keiner anderen Papageienart, die in Menschenobhut gehalten wird, so viele Vögel mit offensichtlichen Verhaltensstörungen wie beim Graupapageien. Das unter Liebhabern gefürchtete Federrupfen kommt bei einer Vielzahl geschlechtsreifer Vögel vor und signalisiert offenbar Haltungsdefizite, deren Hintergründe bis heute nur zum Teil bekannt sind. Vordergründig ist der Graupapagei somit wenig als Käfig- und Stubenvogel geeignet. In seinem Wesen und Verhalten gleicht er eher den scheuen und in Menschenobhut manchmal sogar extrem verschüchterten afrikanischen Langflügelpapageien, die sich oft nur ganz langsam an die Gegenwart des Menschen gewöhnen und sich bei weitem schwieriger zähmen lassen als zum Beispiel die südamerikanischen Aras und Amazonen oder die indonesischen Kakadus, die oft schon halbzahm in den Handel gelangen.

Mittlerweile sind die Kenntnisse um die Haltungserfordernisse für den Graupapageien jedoch so weit gediehen, dass zumindest die gröbsten Fehler vermieden werden können. In der Zuchtstatistik der Großpapageien liegt der Graupapagei weit vorne und heute lassen sich die Wünsche der Vogelhalter nach dieser Papageienart in der Regel aus inländischen Nachzuchten decken, wenn auch zu einem wesentlich höheren Preis als bei Wildfängen. Dies ist einerseits erfreulich, denn es ist als ein großer Fortschritt im internationalen Tierhandel anzusehen, und es wurde lange von den führenden Tier- und Naturschutzorganisationen angestrebt, dass der mörderische Wildvogelhandel immer mehr zum Erliegen kommt. Dieses Ziel ist heute für einen Großteil der Papageienarten erreicht, wenngleich gerade Graupapageien immer noch in beträchtlichen Zahlen im Ursprungsland gefangen werden. Aber gemessen an den Importzahlen um die Mitte der 1980er-Jahre sind auch hier inzwischen merkliche Rückgänge zu verzeichnen.

Doch es gibt auch eine Kehrseite der Medaille: Nachzucht ist nicht gleich Nachzucht. Die elternaufgezogenen Jungvögel sind heute allgemein weitaus weniger begehrt als die Handaufzuchten, deren

Vorteile darin liegen sollen, dass sie von vornherein an den Menschen gewöhnt wurden, handzahm sind und oft bereits erste Nachahmungsversuche von sich geben. Ein solches Tier wünschen sich natürlich alle die Liebhaber, denen es in erster Linie um einen zahmen und sprechenden Einzelvogel geht. Aber gerade solche handaufgezogenen Jungvögel stellen nicht selten eine Art "Zeitbombe" dar, die bis zum Eintritt der Geschlechtsreife tickt, weil spätestens zu diesem Zeitpunkt das Auftreten von Verhaltensstörungen fast vorprogrammiert ist.

Dieser besondere Status des Graupapageien – einerseits der begehrteste Sprecher und gleichzeitig einer der am wenigsten verstandenen Großpapageien in Menschenobhut zu sein – ist das eigentliche Thema des Buches. Es handelt nicht nur vom Graupapageien, sondern auch von einer oft falsch verstandenen Tierliebe, die sich in einer verschobenen Tier-Mensch-Beziehung äußert. Leider haben sich beinahe alle bisherigen Buchveröffentlichungen über den Graupapageien kaum kritisch mit diesem Thema auseinander gesetzt und stattdessen immer wieder die Nachahmungsbegabung, das Sprechtraining und das damit verbundene Bild vom Papageien in den Mittelpunkt ihrer Darstellung gerückt. Dabei wird aber der wahren Natur des Graupapageien nicht annähernd entsprochen, und es verzeichnet ihn zum Zerrbild eines die menschliche Stimme imitierenden Nachplapperers und Spötters. Dass der Graupapagei mit zu den Hochintelligenzlern im Tierreich und zu den sensibelsten Arten unter den Papageien gehört, dass er sehr spezifische Ansprüche an ein Haltungssystem, an die Ernährung und die Partnerschaft mit einem Vogel des Gegengeschlechts stellt, kommt dabei leider nur selten zum Ausdruck. Das vorliegende Buch bemüht sich darum, diese Lücke zu füllen.

*Nachzuchten wie diese beiden Jungtiere gelangen mittlerweile auch häufig in den Handel. (Foto: Pfeffer)*

# Graupapageien in Geschichte und Gegenwart

Ob der Graupapagei in historischer Zeit schon genauer bekannt war oder bereits nach Europa gebracht wurde, ist ungewiss und wird in der Literatur unterschiedlich dargestellt. Die erste verbürgte Nachricht über den Graupapageien kam von den Kanarischen Inseln. 1402 besetzten die normannischen Eroberer Jean de Béthancourt und Gardife de la Salle die Inseln Lanzarote, Fuerteventura, Gomera und Hierro. Dort sahen sie Graupapageien, die von den Guanchen, der Urbevölkerung der Kanaren, in Westafrika gefangen worden waren.

*Der Graupapagei gilt als hochintelligent und untersucht seine Umgebung immer interessiert. (Foto: Pfeffer)*

Um die Mitte des 15. Jahrhunderts brachten portugiesische Seefahrer die ersten Graupapageien auf die Iberische Halbinsel. Um 1520 setzte Lucas Cranach der Ältere den Graupapageien in das Paradies seines Gemäldes Adam und Eva. In Conrad Gesners Vogelband von 1555 ist er ebenso dargestellt wie in dem Buch *L'Histoire de la Nature des Oyseaux* des französischen Naturforschers Pierre Belon, das etwa gleichzeitig erschien. Zu Beginn des 17. Jahrhunderts war der gelehrige Jako in Süd- und Westeuropa bereits allgemein bekannt und in wohlhabenden Kreisen ein beliebter Heimvogel. In der Gegenwart gehört der Graupapagei zu den bekanntesten und am häufigsten importierten Großpapageien. Er wird vor allem als Stubenvogel gehalten, aber auch Züchter beschäftigen sich immer häufiger mit der Vermehrung und (Hand-)Aufzucht von Graupapageien. Schließlich ist der Graupapagei als Hochintelligenz unter den Papageien inzwischen auch Gegenstand ausgiebiger wissenschaftlicher Untersuchungen geworden, die bis zur Gegenwart andauern.

*Der rote Schwanz gehört zu den Haupterkennungsmerkmalen der Nominatform des Graupapageien. (Foto: Lantermann)*

## Namengebung und Verbreitung

Der Graupapagei trägt den heute gültigen wissenschaftlichen Namen *Psittacus erithacus*. Für die frühen Beschreiber von Vogelarten ließen sich die Papageienvögel noch auf wenige Arten und Gattungen aufteilen. Manche der großen Papageien wurden demzufolge in die Gattung *Psittacus* gestellt, was aus dem Lateinischen stammt und einfach Papagei bedeutet. Die Artbezeichnung *erithacus* stammt aus dem Griechischen und bezeichnet einen im Schrifttum des Altertums erwähnten, einsiedlerisch lebenden, rätselhaften Vogel mit rotem Schwanz, der sprechen lernen konnte. Der Graupapagei wurde 1758 von Carl von Linné beschrieben. Sein Gattungsname *Psittacus* ist bis heute erhalten geblieben.

Beim Graupapageien werden zurzeit zwei Unterarten entschieden. Die Nominatform trägt den wissenschaftlichen Namen *Psittacus erithacus erithacus*. Die zweite Unterart ist der Timneh-Graupapagei *Psittacus erithacus timneh*. Beide unterscheiden sich etwas durch die äußere Erscheinungsform und die Färbung.

### *Psittacus erithacus erithacus* – Nominatform Graupapagei

Der Graupapagei der Nominatform wird in der Liebhaberliteratur auch häufig als Kongograupapagei bezeichnet.

Die Gesamtlänge von Graupapageien der Nominatform beträgt etwa 33 Zentimeter. Das Gewicht liegt bei 350 bis 450 Gramm. Die Geschlechter sind gleich gefärbt. Das Grundgefieder der Altvögel ist hell- bis mittelgrau, die Handschwingen sind schwarzgrau, die unbefiederte Gesichtspartie ist weiß. Schwanz und Schwanzdecken sind rot, Schnabel und Füße dunkelgrau bis schwarz, die Iris ist blassgelb gefärbt.

Die Jungvögel gleichen den Eltern, allerdings ist die Schwanzspitze zunächst dunkelrot und die Unterschwanzdecken sind rot mit einem grauen Anflug. An der dunklen Irisfärbung ist der Jungvogel für den Laien am besten zu unterscheiden.

*Altvogel der Nominatform (Foto: Pfeffer)*

*Der Jungvogel ist an der dunklen Iris zu erkennen, die mit zunehmendem Alter heller wird. (Foto: Pfeffer)*

Sie ist zunächst schwarz oder dunkelgrau, hellt sich dann immer mehr auf und erreicht beim erwachsenen, geschlechtsreifen Vogel schließlich eine strohgelbe Färbung.

Verbreitung: Äquatorialafrika von der südöstlichen Elfenbeinküste östlich bis Westkenia, südlich bis Nordangola, den südlichen Teilen des Kongo (Zaire) und Nordwesttansania; Inseln Príncipe und Fernando Póo (Bioko).

### *Psittacus erithacus timneh* – Timneh-Graupapagei

Beide Geschlechter sind gleich gefärbt. Die Grundgefiederfärbung ist dunkelgrau. Die Unterschwanzdecken sind dunkelgrau mit einem rötlichen Anflug. Der Schwanz ist kastanienrotbraun mit braunen Rändern. Der Oberschnabel ist hornfarben mit schwarzer Spitze, der Unterschnabel schwarz. Die Füße sind dunkelgrau. Er ist wesentlich kleiner als die Nominatform und schon deshalb leicht von dieser zu unterscheiden. Das Gewicht beträgt um die 330 Gramm.

Verbreitung: Südguinea, Sierra Leone, Liberia und westlicher Teil der Elfenbeinküste.

Die Unterartenbezeichnung *timneh* geht auf den westafrikanischen Volksstamm der Timne oder Temne im westlichen Sierra Leone zurück. Ihnen verdankt die braunschwänzige Unterart des Graupapageien, der Timneh-Papagei (*Psittacus erithacus timneh*), seinen Namen. In der Sprache der Timne und benachbarter westafrikanischer Stämme heißt der Graupapagei, aber auch der Papagei überhaupt, abampakai, apapakai oder

*Der Timneh-Graupapagei ist wesentlich kleiner als die Nominatform. (Foto: Conrad)*

pampakai. Als dieses Wort im Mittelalter mit dem Handel über die alten Karawanenwege (Timbuktu) zu den Arabern gelangte, wurde es zum arabischen bábaghá mit der Bedeutung Plapperer, Plauderer. Daraus wiederum ist das altfranzösische papegai entstanden, das unserem deutschen Wort Papagei zugrunde liegt.

Im Englischen wird der Graupapagei Grey Parrot, im Französischen Perroquet gris und im Holländischen Grijze Roodstaartpapegaai genannt.

*Früher wurden Graupapageien mit einer gewissen Rotfärbung am Körper oder an den Flügeln als Königsjakos bezeichnet. (Foto: Pfeffer)*

In der Liebhaberliteratur werden hin und wieder noch so genannte Königsjakos erwähnt. Darunter werden üblicherweise Vögel verstanden, die einen gewissen Rosa- oder Rotanteil im ansonsten grauen Körper- oder Flügelgefieder aufweisen. Während früher solche Vögel als ausgewiesene Raritäten mit besonderem Marktwert galten, weiß man heute, dass es sich um Gefiedermodifikationen, das heißt Veränderungen des Phänotyps ohne Einfluss auf die Erbmasse, handelt, die in der Regel auf unzureichende Haltungsbedingungen, wie zum Beispiel Mangelernährung, zurückgehen. Solche Tiere sind in gewisser Weise konditionell beeinträchtigt und rechtfertigen keineswegs einen höheren Preis, sondern bedürfen dringend einer Überführung in adäquate Verhältnisse: möglichst eine Voliere mit Licht, Luft, Sonne und Regen sowie eine abwechslungsreiche Ernährung.

## Entstehung der Unterarten

Eine Theorie geht davon aus, dass sich die Artaufspaltung des Graupapageien in zwei Unterarten folgendermaßen vollzogen haben könnte: Die Regenwälder Westafrikas sind noch relativ jung und konzentrierten sich in vorgeschichtlicher Zeit auf drei Hauptzentren im heutigen Liberia, in Kamerun, Uganda und dem Kongogebiet. Der Ursprung der Nominatform des Graupapageien wird in den östlichen Regenwaldzentren, der der Timneh-Unterart im westlichen Zentrum (Liberia) vermutet. Von dort erfolgte ihre Verbreitung bis etwa zu den heute bekannten Grenzen. Die so genannte Dahomey-Lücke, ein Savannengebiet, das heute den westafrikanischen Regenwald in zwei Blöcke unterteilt, stellt für viele Tier- und Pflanzenarten ein unüberwindliches Hindernis dar. Hinzu kommt, dass die Flüsse Sassandra und Bandama an der Elfenbeinküste zusätzliche tiergeografische Barrieren bilden, die von vielen Tierarten nicht überschritten werden.

Für die Nominatform des Graupapageien ist das östliche Ufer des Bandama-Flusses die Grenze ihres Verbreitungsgebiets, für die Timneh-Unterart die westliche Seite. Diese geografischen

Strukturen sind vermutlich ausschlaggebend dafür, dass sich zwei Unterarten des Graupapageien entwickeln konnten, die sich immerhin in einigen Merkmalen deutlich voneinander unterscheiden. Tiergeografisch wäre auch die Ausbildung einer dritten Unterart auf den Inseln Príncipe und Fernando Póo (Bioko) denkbar (= *Psittacus erithacus princeps*), allerdings lässt der Phänotyp dieser Form keine eindeutige Abgrenzung zur Nominatform zu.

Die Timneh-Unterart ist meistens an der dunkelgrauen Grundfärbung zu erkennen. (Foto: Pfeffer)

Der Graupapagei ist die einzige Art seiner Gattung, die verwandtschaftlich den afrikanischen Langflügelpapageien (Gattung *Poicephalus*) nahe steht. Beide Gattungen bilden zusammen mit der Unterfamilie der Vasapapageien (*Coracopinae*) die Papageienfamilie *Psittacidae*.

# Verhalten im Freiland

Waldgebiete im Flachland, Waldränder und Galeriewälder sind die bevorzugten Lebensräume des Graupapageien, wenngleich er während der Nahrungsaufnahme auch gelegentlich in Savannengebiete oder offenes Gelände vordringt. Bevorzugt werden die Waldgebiete des Tieflandes. Mancherorts ist die Art jedoch auch in höheren Lagen bis zu 800 Meter anzutreffen. In Ost-Zaire gab es darüber hinaus Sichtungen in 2.000 Meter Höhe, in Ostafrika bis 2.200 Meter Höhe. Eine besondere Vegetationsform, in der Graupapageien gelegentlich vorkommen, sind die Man-

*Graupapageien halten sich eigentlich selten auf dem Boden auf. (Foto: Pfeffer)*

grovengürtel an Küsten und den Mündungen der Flüsse. In Nigeria und Kamerun findet die Nominatform solche Lebensräume vor, die Timneh-Unterart dagegen in Guinea, Sierra Leone und Liberia. Daneben dringen Graupapageien auch in Pflanzungen ein wie zum Beispiel Maisfelder und die Kulturen der Ölpalme, deren Früchte zu ihren besonderen Nahrungsvorlieben zählen.

Graupapageien leben meist in großen Schwärmen von hundert oder mehr Tieren. Morgens, lange vor Sonnenaufgang, verlassen die ersten Vögel ihre Übernachtungsplätze, wenig später sind auch alle anderen Tiere bereits unterwegs. Tagsüber sondern sich Paare oder Kleingruppen ab und gehen der Nahrungssuche nach. Vor Sonnenuntergang versammeln sie sich aber wieder – häufig am Waldrand, auf Lichtungen oder auf kleinen Inseln in Flüssen oder Seen – an ihren Schlafplätzen. Bevorzugte Übernachtungsplätze sind Raphia-Palmen, Bambusvegetation, hier und dort auch Ölpalmen. Solche Übernachtungsplätze können – sofern sie nicht von Menschenhand zerstört werden – über Jahrzehnte Bestand haben und viele tausend Tiere beherbergen. Viel mehr als diese allgemeinen Aussagen sind bis heute nicht über das Freileben und Verhalten des Graupapageien bekannt.

Der Flug des Graupapageien ist geradlinig und direkt mit schnellen Flügelschlägen. Die Tiere fliegen oberhalb der Baumkronen und äußern laute Stimmfühlungslaute im Flug. Selten begeben sich Graupapageien auch auf den Boden, um mineralhaltige Erde aufzunehmen. Dort bewegen sie sich unbeholfen. Geschickt verhalten sich die Tiere dagegen in den Nahrungsbäumen. Hier bewegen sie sich bevorzugt kletternd vorwärts, nur etwas größere Abstände zwischen den Nahrungsquellen werden fliegend zurückgelegt.

Die Nahrung umfasst Sämereien, Nüsse, Früchte und Beeren, die die Vögel meistens in den Baumkronen zu sich nehmen. Mancherorts bilden die Früchte der Ölpalme *Elaeis guinensis* ihre bevorzugte, wenn nicht ausschließliche Nahrung, wobei nur das äußere, ölhaltige Fruchtfleisch aufgenommen wird. Auch über Einfälle von Graupapageiengruppen in Maisfelder ist berichtet worden, wo die Tiere unter Umständen große Schäden anrichten.

Die Brutzeit der Art ist nicht einheitlich. Sie liegt in Uganda in den Monaten Juli bis September und in Zaire Juli bis August. In Nigeria fand man Anfang Januar ein Gelege, in Liberia wurden Jungvögel im April beobachtet.

Der Status des Graupapageien ist nur ungenau bekannt. Im Allgemeinen ist die Art offenbar noch recht häufig, dagegen fehlt sie inzwischen in der Umgebung der Städte und Dörfer. Sie scheint ihr Verbreitungsgebiet nach Osten auszudehnen. Der exzessive Tierhandel, vor allem Mitte der 1980er-Jahre, sowie die fortschreitende Vernichtung der west- und zentralafrikanischen Regenwälder haben zu einem nachhaltigen Rückgang mancher Bestände (zum Beispiel in Liberia, Ghana, Kenia und in der Umgebung von Städten im Kongobecken) geführt.

Graupapageien der Populationen der Inseln Príncipe und Fernando Póo (Bioko), die heute nicht mehr als eigene Unterart anerkannt werden, waren aufgrund ihres Inselstatus seinerzeit vorsorglich in den Anhang I des Washingtoner Artenschutzübereinkommens aufgenommen worden. Allerdings scheint der Aderlass dieser Populationen durch den kommerziellen Handel sehr begrenzt zu sein, sodass die Bestände auf beiden Inseln nicht als gefährdet anzusehen sind. Der Handel mit ihnen ist aber nach wie vor verboten.

## Verhaltensbesonderheiten

Das Verhalten der Graupapageien ist – trotz ihrer Beliebtheit als Käfigvogel – nur unzureichend bekannt und kaum ausführlich beschrieben worden. In der Literatur vorhandene Berichte beschränken sich in der Regel auf Angaben zur Zähmung und Nachahmungsleistung. Die Verhaltensgrundlagen entsprechen in großen Teilen denen der afrikanischen Langflügelpapageien, vor allem denen der relativ gut untersuchten Mohrenkopfpapageien (*Poicephalus senegalus*). So zeigen Graupapageien zum Beispiel ein durchaus gewöhnliches Komfortverhalten, zu dem die Gefiederpflege, das Strecken der Flügel, das Kratzen (vornherum) und auch das Gähnen zählen.

*Das Gähnen gehört zum Komfortverhalten. (Foto: Pfeffer)*

*Das Sträuben des Gefieders soll Rivalen abschrecken. (Foto: Conrad)*

Auch im Ruhe- und Schlafverhalten, in der Nahrungsaufnahme, im Fortbewegungsverhalten, im Laufen, Klettern und Fliegen zeigen Graupapageien keine hervorstechenden Besonderheiten. Das Sozialverhalten zwischen Paarpartnern ist ebenfalls normal. Es verläuft in einer Form, wie sie zwischen den Partnern vieler Papageienarten zu beobachten ist, und umfasst Elemente zur Paarfestigung wie das Kontaktsitzen, die soziale Gefiederpflege, das Partnerfüttern und die Balz. Im agonistischen Verhalten kommen Angriffs- und Rückzugsverhaltensweisen vor. Zu den aggressiven Verhaltensweisen gehören das Imponierverhalten mit abgestelltem Gefieder und gespreiztem Schwanz, die Verengung der Pupillen und verschiedene Angriffsformen. Darüber hinaus sind Teile der Neophobie (= Angst vor etwas Neuem) sowie des Spiel- und Lernverhaltens bekannt.

*Bei der Nahrungsaufnahme gibt es sowohl Rechts- als auch Linkshänder. (Foto: Conrad)*

Ein charakteristisches Verhalten des Graupapageien innerhalb des agonistischen Verhaltens ist die Aufplusterung des Gefieders bis zur Federkugel. Der Vogel sträubt in bestimmten aggressiv motivierten Situationen sein Gefieder derart, dass er wie ein großer, runder Federball wirkt. Das Abspreizen und Sträuben des Gefieders zur Vergrößerung der Körperoberfläche und damit zur Abschreckung von Rivalen ist für viele Papageienarten beschrieben worden. Die beim Graupapageien erreichte extreme Form ist jedoch außergewöhnlich unter den Papageien.

Bis heute ist nicht ganz klar, welche Dominanzverhältnisse in Graupapageiengruppen herrschen. Einerseits sind Fälle bekannt, in denen brutlustige Graupapageienpaare sich nach typischer Papageienart mit einem dominanten Männchen und einem kaum weniger aggressiven Weibchen gegen alles innerhalb und außerhalb der Brutvoliere richteten und mit allen Mitteln des agonistischen Verhaltens, zur Federkugel gesträubtem Gefieder und heftigen Schnabelgefechten gegen andere Volierenmitbewohner und sonstige Eindringlinge vorgingen. Andererseits scheinen sich Graupapageien im Verpaarungsprozess weniger auffällig und lautstark ihren Rang zu erkämpfen, als dies zum Beispiel Amazonenpapageien tun. Diese legen meist in kürzester Zeit die Rangordnung zwischen Männchen und Weibchen beziehungsweise dem ranghöheren und dem rangniedrigeren Tier fest. Bei Graupapageien dagegen können sich Gruppen von Tieren in großen Volieren über längere Zeit weitgehend geschlechtsneutral verhalten, ohne ihre Ansprüche nach höheren Rangordnungsplätzen geltend zu machen. Hier bedarf es noch eingehender Forschungsarbeit, um dem Sozialsystem der Tiere genauer auf die Spur zu kommen.

Eine recht ungewöhnliche Untersuchung zur Händigkeit von Graupapageien, das heißt zur Benutzung des rechten oder linken Fußes bei der Nahrungsaufnahme, stammt aus dem Jahr 1993 und erbrachte unerwartete Ergebnisse. Nachdem in einer früheren Studie an mehreren Arten bereits festgestellt worden war, dass Papageien bevorzugt Linkshänder sind, kam die Graupapageienstudie zu ganz anderen Ergebnissen. Von 25 beobachteten Papageien waren je elf reine Rechtshänder und reine Linkshänder, zwei Vögel benutzten vorwiegend (aber nicht ausschließlich) den linken und ein Vogel vorwiegend den rechten Fuß. Somit scheint der Trend eindeutig zu sein: Graupapageien sind jeweils etwa zur Hälfte Rechtshänder und Linkshänder.

## Stimme und Lautäußerungen

Die natürlichen Stimmäußerungen umfassen eine Vielzahl verschiedener Schrei-, Quietsch- und Pfeiftöne, die von einem rauen „scraark, scraark, scraark“ über ein kurzes scharfes „crat, crat, crat“ bis zu einem nasalen, gänseähnlichen „creee-ar, creee-ar, creee-ar“ reichen. Andere Autoren sprechen von flötentonartigen und recht lautstarken, teilweise melodisch klingenden Strophen. Als Alarmruf wird ein raues, durchdringendes Kreischen beschrieben.

In Menschenobhut ist darüber hinaus ein tiefes gutturales Brummen oder Grollen zu vernehmen, wenn die Tiere in die Enge getrieben werden. Über weitere Lautäußerungen, vor allem die Nachahmung der menschlichen Sprache und anderer Umgebungsgeräusche, wird im Folgenden ausführlicher die Rede sein.

# Herkunft, Anschaffung und Transport

Häufig wird der Wunsch nach einem Graupapageien als Hausgenossen beim Besuch in der Zoohandlung oder bei Vogelhaltern geweckt, die bereits einen besitzen. Seine Nachahmungsleistungen, die oft mit der jeweiligen Situation in Zusammenhang zu stehen scheinen, und das „drollige“ Verhalten zahmer Vögel täuschen über die oft unzureichende Käfighaltung und ihre wirklichen Bedürfnisse hinweg.

## Importvogel, Nachzucht oder Handaufzucht?

In den letzten Jahren gingen immer wieder Bilder durch die Presse und gelegentlich auch durch die Fachzeitschriften, in denen haufenweise tote Papageien als Folge unsachgemäßer Importe aus Übersee gezeigt wurden. Die Fangmethoden ohne Rücksicht auf Verluste, quälende Enge in den

Transportkisten, lange Transportzeiten und eine anschließende kräftezehrende Quarantäne führen zu hohen Verlusten unter den importierten Wildvögeln.

Aus diesen Gründen sollte es heute für den zukünftigen Graupapageienhalter eigentlich keine Frage mehr sein, dass sein Tier nicht aus dem Wildvogelhandel erworben wird. Jedes Tier, das aus dem Ursprungsland entnommen und über einen bundesdeutschen Vogelhändler in die Zoohandlungen und schließlich in die Privathaushalte gelangt, hat in der Regel einen langen Leidensweg hinter sich und ist ein Überlebender aus einer Gruppe von Tieren, die während Fang, Transport und Quarantäne ihr Leben lassen mussten. Solche Zustände sollte der private Vogelhalter mit dem Wunsch nach einem Graupapageien nicht unterstützen, auch wenn der Preis oft ein wichtiges Argument dafür ist. Wildvögel sind in der Regel weitaus preisgünstiger als Nachzuchten, handaufgezogene Vögel oder gar zahme und nachahmende Tiere aus Privathand. Hier liegt ein Hauptproblem, denn durch die hohen Preise, die hierzulande in der Regel für Nachzuchten verlangt werden, wird die Papageienhaltung zu einer Art Zweiklassengesellschaft: Sie teilt sich in Vogelhalter, die sich die teuren Nachzuchten leisten können, und solche, die aus Kostengründen auf Wildvögel zurückgreifen. Allerdings soll an dieser Stelle auch keine allzu ausgeprägte Schwarz-Weiß-Malerei betrieben werden. Importvögel sind nicht immer nur preisgünstig, und Nachzuchten, besonders Jungvögel aus Naturbruten, sind nicht immer übertrieben teuer.

*Der Aufenthalt in der Quarantänestation ist für die Tiere eine starke Belastung. (Foto: Lantermann)*

Die heutigen Preise für Graupapageien (Stand 2005) sind variabel. Importvögel der Timneh-Unterart kann man in günstigen Fällen für 250 Euro bekommen, Graupapageien der Nominatform kosten derzeit um die 350 bis 500 Euro. Nachzuchten aus Naturbruten sind durchschnittlich etwa 150 bis 250 Euro teurer. Handaufgezogene Vögel kosten zwischen 1.000 und 1.200 Euro, superzahme und sprechende Tiere auch darüber hinaus. Am günstigsten sind solche Vögel, die in Tageszeitungen inseriert und umständehalber abgegeben werden sollen. Bei diesen „Secondhand"-Vögeln lassen sich oft Preise unter

*Der ausgewählte Vogel sollte keine Verhaltensauffälligkeiten zeigen. (Foto: Conrad)*

250 Euro aushandeln, denn die Anbieter wollen ihr Tier in der Regel schnell loswerden. Allerdings gibt es dafür meist massive Gründe – sei es, dass der betreffende Vogel dauernd schreit, dass er seine Federn rupft oder andere Verhaltensauffälligkeiten zeigt. Auch medizinische Probleme wie eine Federstauballergie beim Besitzer oder der sich ankündigende Nachwuchs in einer Familie lassen gelegentlich den Entschluss reifen, ein solches Tier abzugeben. In jedem Fall ist bei der Anschaffung derartiger Vögel Vorsicht geboten.

## Die richtige Anschaffung

Der erste Weg zur Anschaffung eines Graupapageien führt in der Regel in das nächste Zoogeschäft. Dort wird häufig ein Graupapagei zum Verkauf bereitgehalten, andernfalls ist es kein Problem, einen solchen Vogel zu beschaffen. Woher? „Aus Nachzuchten natürlich, denn Wildvögel werden heute kaum noch gehandelt", verspricht der Zoohändler. Weit gefehlt! Aber oft wissen er oder seine Mitarbeiter tatsächlich nicht genau, woher die Vögel wirklich stammen. Und in der Tat ist es heute nicht ganz einfach, die Verhältnisse im internationalen Papageienhandel zu durchschauen. Oft kommen die Vögel nämlich inzwischen zwar tatsächlich aus Nachzuchten, aber nicht aus deutschen oder europäischen Zuchtbeständen, sondern aus dem außereuropäischen Ausland wie zum Beispiel den Philippinen oder aus anderen Teilen der Welt. Auskunft über den Status des Papageien gibt in der Regel die CITES-Bescheinigung (sofern eine vorliegt) oder das betreffende Einfuhrpapier, das dem Zoohändler zumindest als Kopie vorliegen sollte. Darin ist angekreuzt, ob es sich um einen legal der Natur entnommenen Wildfang oder eine Nachzucht handelt, die legal in die Europäische Union gebracht wurde. Bei Nachzuchten aus indonesischen oder südamerikanischen Zuchtstationen sollte zumindest bedacht werden, dass auch diese Tiere einen kräftezehrenden Transport und eine amtlich vorgeschriebene Quarantänezeit hinter sich haben, die den deutschen Nachzuchten erspart bleibt.

## Am besten Naturbrut

Manche Zoohändler haben auch deutsche Nachzuchten im Angebot. Je nachdem, ob es sich um Handaufzuchten oder so genannte Naturbruten handelt, fällt der Preis unterschiedlich hoch aus. Am besten ist der Erwerb von inländischen Nachzuchten aus einer Naturbrut, das heißt, die Jungvögel sollten von den Eltern ausgebrütet und bis zur Selbstständigkeit aufgezogen worden sein. Denn dann handelt es sich in der Regel um Tiere, die in der sensiblen Phase, in der lebenswichtige Prägungs- und Lernvorgänge vonstatten gehen, durch ihre Graupapageieneltern geprägt wurden und wichtige Lernerfahrungen und Sozialisierungsprozesse in Gegenwart ihrer Eltern und Nestgeschwister machen durften. Bei solchen Tieren kann man davon ausgehen, dass sie sich zur Paarhaltung eignen, dass sie sich später mit ihresgleichen verpaaren und gegebenenfalls Eier legen und Junge aufziehen werden. Unter artgemäßer Haltung werden bei solchen Jungtieren auch spätere Verhaltensstörungen mit großer Wahrscheinlichkeit ausbleiben.

Der einfachste Weg, um an solche Jungtiere zu kommen, die garantiert aus einer deutschen Nachzucht und zudem aus einer Naturbrut stammen, ist der direkte Kontakt mit einem Graupapageienzüchter. In den Anzeigenteilen der Fachzeitschriften werden immer wieder junge Graupapageien angeboten, und für den ernsthaften Liebhaber, der vielleicht auch bereit ist, eine Saison auf den nächsten Nachwuchs zu warten, sollte es heute kein großes Problem mehr sein, entsprechende Tiere zu bekommen.

*Aus einer Naturbrut stammende Tiere sind durch die Artgenossen geprägt und eignen sich für die Paarhaltung. (Foto: Pfeffer)*

### Keine Handaufzucht

Leider sind heute auch vermehrt handaufgezogene Tiere im Handel. Sie werden sowohl über die Zoogeschäfte als auch von privaten Anbietern vermarktet. Vordergründig erweisen sich diese Jungtiere bei der Übernahme als überaus zahm, anhänglich und verspielt. Sie scheinen die idealen Hausgenossen für die Einzelvogelhaltung zu sein – und damit wird offenbar immer wieder der hohe Preis gerechtfertigt. Andererseits stehen solche Vögel heute verstärkt in der Kritik der Tierschützer und Papageienkundler. Handaufgezogene Papageien, besonders solche, die isoliert von Nestgeschwistern aufgezogen wurden, zeigen später in der Regel Sozialisationsstörungen. Ihnen fehlen wichtige frühkindliche Lernerfahrungen. Sie sind auf den Menschen geprägt und haben spätestens bei Eintritt der Geschlechtsreife Probleme, Artgenossen als solche zu erkennen und sich mit ihnen zu verpaaren, Eier zu legen und die Jungtiere aufzuziehen. Diese Ambivalenz der Papageien, gewissermaßen in zwei Welten zu leben und Prägungs- und Lernprozesse sowohl aus der Welt des Menschen als auch aus der des Papageien zu erfahren, führt bei vielen Vögeln zu einer Art gespaltenem Dasein, zu tiefen Frustrationen und in der Folge nicht selten zu Verhaltensauffälligkeiten ganz unterschiedlicher Art. Die auffälligste ist das leidige Federrupfen, das eine Vielzahl solch fehlgeprägter und falsch aufgezogener Jungvögel zu irgendeinem Zeitpunkt ihres Lebens praktiziert. Es kann deshalb nur eindringlich vom Ankauf solcher Tiere abgeraten und stattdessen der Erwerb von elternaufgezogenen Jungvögeln empfohlen werden.

Schon zu Beginn der Vogelhaltung sollten zwei möglichst verschiedengeschlechtliche und blutsfremde Jungvögel, also keine Nestgeschwister, erworben werden. Dazu bedarf es manchmal etwas längeren Suchens und eventuell ausgedehnten Reisens durch die Republik. Auf Dauer zahlen sich solche Bemühungen aber aus. Die Tiere können dann in aller Ruhe heranwachsen und werden bei Eintritt der Geschlechtsreife höchstwahrscheinlich ein harmonierendes Paar, das keine Fehlverhaltensweisen zeigt.

Halter, die es mit der Nachzucht etwas eiliger haben, suchen häufig nach bereits erwachsenen, geschlechtsreifen Tieren. Solche finden sich häufig bei anderen Züchtern, die überzählige Tiere aus eigenen Zuchtprojekten abgeben. Aber auch die weiter oben bereits erwähnten „Secondhand"-Vögel aus Privathand kommen als Volieren- und Zuchtvögel durchaus infrage, auch wenn der eine oder andere bestimmte Vorschädigungen oder Verhaltensauffälligkeiten zeigt. Man sollte jedoch nie vergessen, dass Großpapageien fast durchweg Individualisten sind, die nicht so ohne weiteres eingeschätzt werden können. Mitunter kommt es bei zwei solchen Vögeln zu spontanen Verpaarungen oder Ablehnungen. In der Regel bedarf es aber einer gewissen Geduld, bis sich die Vögel näher kommen und schließlich ein Paar bilden. Auch vergesellschaftete Vögel, die nie ein Paar oder gar ein Zuchtpaar bilden, auf diese Weise aber aus ihrer Einzelhaft im Wohnzimmerkäfig befreit werden können, sind schon ein gewisser Erfolg – je nachdem, welche Absichten und Ziele man als Vogelhalter verfolgt. Genau nach Plan verlaufen solche Aktionen allerdings nur selten. Man sollte sich also von Fall zu Fall auf alle denkbaren Varianten solcher Verpaarungs- und Vergesellschaftungsprozesse einstellen.

*Nicht alle Graupapageien sind einfach zu handhaben, wenn sie eingefangen werden sollen. (Foto: Conrad)*

## Handling und Transport

Steht der Kaufentschluss fest, stellt sich die Frage des Handlings und des Transportes des Vogels. Am günstigsten überlässt man das Einfangen und Verpacken dem Anbieter, da er sich am besten mit dem Vogel auskennt. Am elegantesten geschieht dies, wenn der Vogel handzahm ist und sich widerstandslos in einen Transportkäfig oder in eine Transportkiste setzen lässt. Ein Käfig ist für viele Graupapageien durchaus akzeptabel, weil sie meist daran gewöhnt sind. Eine Transportkiste erzeugt dagegen in der Regel Widerstand. Sie ist meist kleiner als ein Käfig, zudem eng und dunkel, sodass der Vogel oft nur mit sanfter Gewalt hineingesetzt werden kann.

Bei weniger zahmen Tieren ist die Handhabung schwieriger. Dann sind meist ein Vogelnetz und dicke Lederhandschuhe erforderlich, um einen solchen Vogel zu handhaben. In größeren Volieren muss der Vogel mit dem Handnetz zunächst eingefangen und dann von Hand aus dem Netz genommen werden. Gut zu greifen ist ein Graupapagei, wenn er am Gitter seines Käfigs oder seiner Voliere aufwärts klettert. Dann erfolgt ein beherzter Griff mit der behandschuhten Hand von hinten. Die Hand umgreift die Flügel und den Körper, fixiert mit Daumen und Zeigefinger den Kopf, sodass der Vogel nicht beißen kann, und setzt ihn schnell in die Transportbox. Man sollte möglichst nicht lange mit dem Vogel hantieren, damit er sich schnell wieder beruhigt.

Zahme Vögel kann man in einem kleinen Papageienkäfig transportieren. Ihnen werden die Verhältnisse beim (Auto-)Transport und die wechselnden Umgebungseindrücke nichts ausmachen. Scheue Vögel reisen dagegen ruhiger in rundum geschlossenen Transportkisten, die nur einen schmalen Luftschlitz enthalten. Die Kisten müssen

*Wenn das Tier einen gesunden Eindruck macht, kann es nach einer Woche schließlich mit Artgenossen vergesellschaftet werden. (Foto: Pfeffer)*

bei längeren Reisen mit einem Futter- und Wassergefäß und in jedem Fall mit einer Sitzstange versehen sein, an der sich die Tiere festhalten können.

Den Transport über längere Strecken übernehmen inzwischen auch Speditionsfirmen. Erfahrungen bisher zeigten, dass die Firmen in der Regel zügig, sachverständig und einigermaßen kostengünstig arbeiten. Dennoch kann die Beauftragung einer solchen Transportfirma im Grunde nicht bedenkenlos empfohlen werden. Gerade Graupapageien, die häufig zu den störungsanfälligsten und federrupfenden Großpapageien gehören, sollte man sich als Interessent unbedingt selbst anschauen, bevor man sich zum Kauf entschließt. Nach eigener Erfahrung wird der Zustand eines Vogels am Telefon oft sehr unterschiedlich bewertet. Was bei einem Halter als leicht zerzaustes Gefieder gilt, offenbart sich bei näherer Betrachtung als Beginn des Federrupfens, das dem Vogel unter Umständen lebenslang nicht mehr abzugewöhnen ist. Also: Augen auf beim Vogelkauf!

Am Bestimmungsort soll das Tier unmittelbar und zunächst möglichst allein in eine (Innen-)Voliere gesetzt werden. Dort stehen Futter, Wasser, Obst und Grünzeug bereit. Hier wird nun zunächst die Nahrungsaufnahme überwacht, gegebenenfalls auch eine Kotuntersuchung vorgenommen. Es lassen sich zudem Verhaltensauffälligkeiten feststellen und es kann bei Bedarf eine Geschlechtsbestimmung vorgenommen werden. Nach Ablauf einer Woche, wenn sich eine regelmäßige Nahrungsaufnahme eingestellt hat und keine bedenklichen Auffälligkeiten festgestellt wurden, kann das Tier mit einem Artgenossen vergesellschaftet werden.

# Artgemäße Haltung

Die Frage nach den Möglichkeiten artgemäßer Haltung von Tieren hat zu allen Zeiten Probleme aufgeworfen und damit auch Kritik ausgelöst. Den zum Teil oft stark emotional belasteten Diskussionen um die artgerechten Haltungsbedingungen in der breiten Öffentlichkeit stehen andererseits maßlos versachlichte Beurteilungen der Tierhalterlobby gegenüber.

## Die Kriterien der Tiergartenbiologie

Gewissermaßen als Kompromiss zwischen extremer räumlicher Einschränkung einerseits und der Vorstellung von der „goldenen Freiheit“ andererseits ist die von dem Schweizer Tiergärtner Heini Hediger (1908 bis 1992) begründete Forschungs-

*Eine gute körperliche Kondition ist wichtig für das allgemeine Wohlbefinden. (Foto: Conrad)*

richtung der Tiergartenbiologie und die nach ihren Grundsätzen ausgerichtete Tierhaltung zu bewerten. Hediger hat gezeigt, dass das Tier in aller Regel auch im Freiland keinen unbegrenzten und paradiesischen Lebensraum zur Verfügung hat, dass es territorialen Grenzen, inner- und zwischenartlichen Auseinandersetzungen, begrenzten Nahrungsressourcen und dem Auftreten von Krankheiten ausgesetzt ist und dadurch nicht selten im so genannten Überlebenskampf steht.

Die wesentliche Aufgabe der Tiergartenbiologie besteht darin, die bestmöglichen Haltungsbedingungen für Wildtiere in Menschenobhut zu finden, die gleichzeitig praktisch durchführbar und langfristig zu gewährleisten sind. Eine wesentliche Erkenntnis dabei ist, dass Tiere, die in Menschenobhut der Aufgabe der Nahrungssuche größtenteils enthoben sind, mit wesentlich kleineren Lebensräumen zurechtkommen als in freier Natur, wenn diese ansonsten alle wesentlichen Merkmale tragen und die substanziellen Bedürfnisse der Tiere erfüllen können.

Auf die Papageien übertragen ergeben sich für eine artgemäße Haltung die folgenden fünf Kriterien:

### Optimale physische und psychische Kondition

Hier geht es um den Gefiederzustand, den Ernährungszustand und das Verhalten des Graupapageien. Alles sollte keine Auffälligkeiten auf weisen. Beengte Käfighaltung, Reizarmut und Langeweile begünstigen Verhaltensauffälligkeiten wie zum Beispiel das Federrupfen. Es ist ein Anzeichen psychischen Unwohlbefindens, das sich zunehmend schädigend auf das Gefieder und die gesamte körperliche Kondition auswirkt.

### Hohe Lebenserwartung

Graupapageien sollten in Menschenobhut älter werden als in freier Wildbahn, weil hier natürliche Feinde fehlen und die Suche nach Futter entfällt. Von einigen Graupapageien weiß man, dass sie in Menschenobhut weit mehr als 25 Jahre alt geworden sind. Ein Weibchen legte im Alter von 30 Jahren sogar noch Eier, die jedoch unbefruchtet waren.

In diesem Zusammenhang muss auch die Fang-, Transport- und Quarantänepraxis bedacht werden, die heute immer noch – und gerade für Graupapageien – üblich ist, vor allem dann, wenn es sich um Massentransporte unter Umgehung adäquater Transportbedingungen handelt. Diese Faktoren bewirken, dass die Vögel oft krank und mit psychischen Störungen behaftet in die Hände der Halter gelangen. Häufig sterben die Tiere bereits innerhalb der ersten Wochen und Monate nach Verlassen der Quarantänestation.

### Reproduktion

Dieses Kriterium trifft nur auf einen kleinen Teil der in Menschenobhut lebenden Graupapageien zu. Zwar sind die Haltungsbedingungen, die in der Regel zu Zuchterfolgen führen, heute weitgehend bekannt, aber die Motive der Vogelhalter sind sehr unterschiedlich und vielfach gar nicht auf die Vermehrung ihrer Tiere ausgerichtet. Denn ein großer Teil der Graupapageien wird immer noch importiert beziehungsweise nachgezüchtet, um anschließend als Einzelvogel das Wohnzimmer eines Papageienhalters zu zieren. Diese Tiere stehen somit für den Reproduktionsprozess nicht zur Verfügung. Aus tiergartenbiologischer Sicht kann diese Form der Haltung demnach nicht akzeptiert werden. Gleiches gilt auch für die zunehmende Anzahl handaufgezogener Papageien, die genau für diese Marktlücke, nämlich die Einzelhaltung, „produziert" werden. Ganz abgesehen davon, dass diese Vögel bereits in frühem Lebensalter für die Lebensweise des Menschen sozialisiert, vollständig gezähmt und mit dem Menschen vertraut gemacht werden, kommen bei bestimmten Aufzuchtmethoden auch Prägungsprozesse hinzu, die eine spätere Verpaarung der Vögel mit Artgenossen kaum mehr zulassen oder ganz verhindern. Auch diese handaufgezogenen Vögel, deren Anteil immer mehr zunimmt, stehen somit nicht mehr für den normalen Reproduktionsprozess zur Verfügung.

### Immunstatus

Besonders die Haltung von Papageien in Sozialgruppen – sosehr dies den natürlichen Gegebenheiten frei lebender Vögel entsprechen mag – bringt auf dem beengten Raum eines Käfigs oder einer Voliere häufig Stress für einzelne Individuen mit sich. Beispielsweise können sie in einer Volierengruppe an unterster Stelle in der Rangordnung stehen und damit ständig von ranghöheren Tieren vom Futter abgedrängt werden. Zwei etwa gleich starke Männchen können in ständige Rangkämpfe miteinander verwickelt sein, aber auch andere Faktoren wie das Vorkommen von Hunden, Katzen, Greifvögeln oder Eulen in unmittelbarer Nähe der Papageienunterkünfte sorgen für Beunruhigungen. Diese und sicherlich viele weitere (und bislang unbekannte) Faktoren können in einem Haltungssystem zu andauerndem (sozialem) Stress der Bewohner führen. In der Folge sinken die Abwehrkräfte der betroffenen Tiere, sie werden anfälliger gegenüber Krankheitserregern jeglicher Art und können unter bestimmten Umständen

*Artgerecht gehaltene Papageien zeigen in der Regel keine Verhaltensauffälligkeiten. (Foto: Conrad)*

sogar schwer erkranken. Diese so genannten Faktorenkrankheiten stellen eines der größten Probleme bei der Paar- und Gruppenhaltung sozial lebender Tiere dar.

Die Zusammenstellung von Paaren oder Sozialgruppen sowie die Größenbestimmung und die Gestaltung eines geeigneten Geheges erfordern vom Pfleger somit ein Höchstmaß an Kenntnissen und Erfahrungen, die sich unter anderem aus dem sorgfältigen Studium der Literatur, vor allem aber aus systematischen Verhaltensbeobachtungen der Tiere gewinnen lassen.

### Ausbleiben von Verhaltensstörungen

Verhaltensstörungen sind – abgesehen vom überaus häufigen Federrupfen – bei Papageien bisher kaum genauer beschrieben worden. Die derzeitigen Kenntnisse führen zu der Annahme, dass eine beengte Käfighaltung sowie die damit verbundene Reizarmut und Langeweile relativ häufig zu den verschiedensten Verhaltensmodifikationen und Verhaltensstörungen führt.

Graupapageien zeigen bei beengter Käfighaltung fast durchweg auffällige Bewegungsbesonderheiten oder auch sich ständig wiederholende (stereotype) Bewegungsabläufe, die in ihrer Ausprägung vermutlich mit der Käfiggröße, der Ausstattung, der Fütterungsart oder der sexuellen Isolation in Verbindung stehen. Dazu gehören das wiederholte Drehen des gesamten Körpers (vorwiegend bei der Haltung in runden Käfigen), das In-den-Nacken-Werfen des Kopfes, das Hin- und Herpendeln des Kopfes (vergleichbar mit dem so genannten Weben der Zoobären) und viele weitere Erscheinungen.

Zu den auffälligsten Verhaltensstörungen ist vor allem das Federrupfen oder Federfressen der Graupapageien zu rechnen. Die Ursachen dieser Erscheinung sind noch immer nicht ausreichend geklärt, aber inadäquate Haltungsbedingungen, insbesondere die Haltung in engen, reizarmen und sterilen Unterkünften ohne Beschäftigungsangebote, die Einzelhaltung ohne Sozialpartner und eine enge Mensch-Tier-Beziehung scheinen das Federrupfen zu begünstigen. Die Ausprägungen reichen vom gelegentlichen Auszupfen kleiner Federchen im Brust- oder Rückenbereich bis hin zur völligen Zerstörung des gesamten Gefieders, mit Ausnahme des für den Einzelvogel schwer erreichbaren Kopfgefieders.

In die Kategorie der Verhaltensauffälligkeiten des Graupapageien gehört grundsätzlich auch das Nachahmen der menschlichen Stimme und anderer Laute aus der Umgebung des Menschen. Die Nachahmungsfähigkeit beruht zunächst zwar auf einer genetisch fixierten Grundlage, die es den Papageien erlaubt, über ihre angeborenen Stimmäußerungen hinaus im Kontakt mit der Umwelt weitere Laute zu erlernen. Dazu gehört auch das Nachahmen der menschlichen Sprache als Spotten, wie es auch unter wenigen anderen Vogelarten wie Beos, Leiervögeln oder Rabenvögeln verbreitet ist.

Ein vermehrtes Nachahmen der menschlichen Sprache bei einzeln gehaltenen Graupapageien muss jedoch über das biologische Spotten hinaus als Versuch angesehen werden, in einen für den Vogel völlig unnatürlichen (Laut-)Kontakt mit dem Pfleger zu treten. Die angeborene Imitationsfähigkeit wird dabei nachhaltig strapaziert und kann somit als Grenzfall des natürlichen Anpassungsvermögens der Papageien aufgefasst werden.

## Grundsätzliche Überlegungen

Wenn man den Kriterien und Maßstäben der Tiergartenbiologie folgt, wird schnell deutlich, dass die oft betriebene Einzelhaltung von Graupapageien im engen Zusammenleben mit dem Pfleger, der sich gern als dessen Ersatzpartner sieht, von Grund auf fragwürdig sein muss. Die Enge der handelsüblichen Papageienkäfige; die nur gelegentlich gewährten Freiflüge im Zimmer; eine oft mangelhafte Ernährung, die manches vom Mittagstisch des Pflegers mit einschließt; die oft enge Vertrautheit zwischen Pfleger und Vogel, die ihren Ausdruck in allerlei Merkwürdigkeiten findet – dies kann keine artgemäße Haltung von Graupapageien sein. Wie oft sind einem in den letzten Jahren gerade solche Verhältnisse begegnet, wobei es natürlich auch andere Hal-

*Die Haltung in einer großzügigen Voliere ist optimal für Graupapageien. (Foto: Conrad)*

tungen gibt. Es gab immer schon Vogelhalter, die nicht mit der Tiergartenbiologie, sondern mit dem gesunden Menschenverstand an ihre Papageienhaltung herangingen und dadurch selbst darauf kamen, dass sich Graupapageien im Achtel-Kubikmeter-Käfig nicht wohl fühlen können, dass gelegentlicher Freiflug im Zimmer nicht ausreicht und Koteletts, gesalzene Kartoffeln und Spinat nicht die adäquate Ernährung darstellen. Auch ist mittlerweile immer häufiger die Volierenhaltung von Graupapageien anzutreffen. Hier reicht die Palette von verdreckten, dunklen Zimmervolieren, in denen die Vögel bei Kunstlicht ihr Dasein fristen müssen, bis hin zu großzügigen, hellen und luftigen Volierenanlagen, in denen die Papageien nach Herzenslust fliegen, klettern, knabbern, scharren, baden und dem Brutgeschäft nachgehen können.

Im Folgenden werden die Möglichkeiten für eine artgemäße und praktizierbare Haltung von Graupapageien beschrieben. Dabei wird nicht von den meist großzügigen Platzverhältnissen in Zoologischen Gärten und Vogelparks ausgegangen, sondern es soll das Notwendige mit dem Machbaren verknüpft werden – so wie es in Privathaltungen in der Regel realisiert werden kann.

## Von der Einzelhaltung zur paarweisen Haltung

Üblicherweise beginnt der Vogelhalter seine Graupapageienhaltung mit einem Einzelvogel. Vielleicht wurde dieser schon vor vielen Jahren als zahmer und sprechender Stubenvogel angeschafft. Heute sind die Kenntnisse weiter vorangeschritten und der verantwortungsbewusste Vogelhalter wird sich um eine Verpaarung oder Vergesellschaftung seines Einzelvogels bemühen. Dazu ist es im Grunde nie zu spät. Es sind dabei aber einige Regeln zu beachten.

Zunächst empfiehlt es sich, eine Geschlechtsbestimmung bei dem vorhandenen Vogel vornehmen zu lassen. Dies kann heute auf zweierlei Weise geschehen: zum einen durch eine Endoskopie, zum anderen durch die seit wenigen Jahren verfügbare Methode eines Gentests (DNA-Fingerprinting). Beide Verfahren werden im Abschnitt „Geschlechtsbestimmung" weiter hinten ausführlicher beschrieben.

Nun wird über Fachzeitschriften oder die Tageszeitung ein Vogel des Gegengeschlechts und möglichst des etwa gleichen Alters gesucht. Altvögel sollte man nicht mit ganz jungen Tieren verpaaren. Züchter können in der Regel das Geschlecht ihres Tieres benennen, Privatanbieter hegen oft eine Vermutung, haben aber das Geschlecht ihres Tieres meist nicht definitiv feststellen lassen. In diesem Fall sollte man zunächst auf eine Geschlechtsbestimmung bestehen oder diese auf eigene Kosten durchführen lassen, dann aber gegebenenfalls gegen Rückgabevereinbarung, wenn sich der Vogel als gleichgeschlechtlich mit dem bereits vorhandenen erweist.

Wenn lediglich eine Vergesellschaftung angestrebt wird und auch auf Dauer keine Zucht erwünscht ist, spielen die Geschlechter der Tiere keine große Rolle. Aufgrund eines Verhaltensmechanismus, der als ambivalentes Sexualverhalten bezeichnet wird, können sich zwei männliche und auch zwei weibliche Papageien durchaus zu Paaren zusammenschließen, wobei ein Tier dann die männlich dominante, das andere die weiblich unterwerfende Rolle übernimmt. Solche Paare können durchaus alle Ausprägungen einer echten Vogelpartnerschaft tragen – vom Partnerfüttern bis zur Kopulation.

*Solch eine Einzelhaltung mit Käfig im Zimmer sollte auf keinen Fall erfolgen. (Foto: Lantermann)*

*Die gegenseitige Gefiederpflege ist ein Zeichen für ein harmonisch lebendes Paar. (Foto: Conrad)*

# Volieren und Zubehör

Von nun an wird nur noch von der paarweisen und Volierenhaltung der Graupapageien die Rede sein. Die Einzelhaltung in handelsüblichen Papageienkäfigen sollte heute der Vergangenheit angehören und hat aus den zuvor erwähnten Gründen nur noch in bestimmten Ausnahmefällen ihre Berechtigung, zum Beispiel bei irreversibel fehlgeprägten Handaufzuchten, die sich nach erfolglosen Bemühungen offensichtlich nicht mit Artgenossen zusammenbringen lassen.

Welche Haltungsformen sind nun in der Privathaltung, die sich möglicherweise von der Einzelvogelhaltung zur paarweisen Haltung entwickelt, machbar? Zuerst gilt es, die verschiedenen Standortmöglichkeiten für eine Zimmervoliere, eine Vogelstube oder eine Freivoliere zu ermitteln

*Auch in einer Zimmervoliere muss viel Abwechslung geboten werden. (Foto: Pfeffer)*

und mit den Mitbewohnern und Nachbarn abzustimmen. Denn man wird als Vogelhalter seine Liebhaberei kaum gegen den ständigen Widerstand der Familienmitglieder durchsetzen können, die sich permanent über Schmutz, die Lautäußerungen der Tiere und die eingeschränkte Freiheit (zum Beispiel bei der Urlaubsplanung) ärgern. Schließlich muss im Urlaubs- oder Krankheitsfall die Vogelpflege übernommen werden, und zwar am besten von einem Familienmitglied, das sich gut auskennt. Auch der Ärger mit den Nachbarn sollte nicht unterschätzt werden. Obwohl Graupapageien nicht zu den lautesten Schreiern unter den Papageien gehören und eher durch ihre monotonen Pfiffe oder Nachahmungsleistungen Aufmerksamkeit erregen, kann selbst dies für empfindliche Gemüter störend sein. Beim Bau einer größeren Freianlage im Garten kommt hinzu, dass es ja meist nicht bei den Graupapageien bleibt. Eines Tages gesellen sich Amazonen oder gar Kakadus hinzu, die wesentlich ruhestörenderen Lärm verbreiten können als Graupapageien.

Solche Dinge sollte man zuvor im Blick haben und die Angelegenheit in Ruhe mit den betroffenen Nachbarn besprechen. Oft hilft schon ein kleines Rundschreiben: „Wenn Sie sich belästigt fühlen, sprechen Sie bitte zunächst mit mir ...“ Das verhindert meistens den größten Ärger und die immer häufiger initiierten Zivilprozesse, die nach aufwendigen Kontrollen und Lärmpegelmessungen in der Regel zu Ungunsten des Vogelhalters ausgehen.

Als Vogelhalter sollte man meines Erachtens nicht immer mit der Tierliebe seiner Mitmenschen rechnen. Denn wenn der Papagei im Sommer frühmorgens um 5.30 Uhr mit seinem Schreikonzert beginnt, bedarf es bei vielen Zeitgenossen schon eines ausgeprägten Verständnisses für das Hobby ihres Nachbarn, Tierliebe allein reicht da womöglich nicht aus. Bitte nehmen Sie als Papageienhalter Rücksicht und halten Sie Ausschau nach Haltungsbedingungen, die für alle Beteiligten erträglich sind.

Der Bewohner einer kleineren Mietwohnung hat in der Regel wenig Möglichkeiten, eine (Zimmer-)Voliere zu errichten. Hier kann allenfalls eine Voliere in den Wohnraum integriert werden. In Ausnahmefällen lässt sich vielleicht eine kleinere Voliere auf dem Balkon bauen oder ein heller Kellerraum als Vogelunterkunft herrichten. Dazu ist die Erlaubnis des Vermieters einzuholen, am besten als schriftliche Einverständniserklärung, damit es später keine Missverständnisse gibt.

## Volierenbau

Die Voliere selbst kann mit etwas handwerklichem Geschick aus Holzbalken gebaut oder aus Stahlrohrprofilen zusammengeschweißt werden. Eine elegante Lösung stellt der Volierenbau aus Aluminiumprofilen dar. Die Aluminiumrohre sind als Vierkantprofile mit Abmessungen von 20 mal 20 Millimeter oder 30 mal 30 Millimeter im Handel und lassen sich leicht verarbeiten. Mit Eckverbindern können Volieren in vielerlei Größen hergestellt und für jeden Bedarf und jede Zimmerecke angepasst werden.

Die Voliere wird am günstigsten in Einzelteilen hergestellt und erst in der Wohnung zusammengeschraubt. In manchen Fällen bietet es sich an, zunächst die Rückwand und den Boden (je nach Raumhöhe auch die Decke) zu fliesen oder mit einem anderen stabilen, hygienischen und für die Vogelschnäbel unangreifbaren Material zu versehen. Die Volierenrahmen werden schließlich passgenau für die Seiten und die Vorderfront hergestellt. In einem Volierenrahmen müssen eine Tür und die Futterklappe eingebaut sein, in einer Seitenwand kann zudem eine Gitterklappe oder Aussparung für den Nistkasten vorgesehen werden.

Dort, wo eine derart dauerhafte Voliere nicht empfehlenswert ist (zum Beispiel bei voraussichtlichem Wohnungswechsel), wird man sich mit einer Voliere begnügen, die einfach nur in den Raum hineingestellt oder an die Wand geschoben wird, aber rundum aus Volierengittern besteht. In diesem Fall werden dann allerdings mehr Bauteile und eventuell noch ein Dachgitter benötigt. Der Vorteil ist, dass eine solche Voliere leicht abgebaut und an anderem Ort wieder aufgebaut werden kann. Auch lässt sich eine solche Anlage später je nach Bedarf problemlos umbauen, erweitern oder verkleinern.

Die beschriebenen Bauteile aus Aluminiumprofilen werden von zahlreichen kommerziellen Anbietern hergestellt und vertrieben. Die Standardmaße solcher Bauteile sind 1 mal 2 Meter. Auf Nachfrage baut fast jedes Unternehmen gegen einen kleinen Aufpreis auch Volierenteile mit Sondermaßen.

Wer über eine größere Wohnung oder ein Haus verfügt, kann unter Umständen ein ganzes Zimmer für die Vögel bereitstellen. Vielleicht ist irgendwann einmal das ehemalige Kinderzimmer frei geworden oder das Gästezimmer steht die meiste Zeit über leer. Dann ist es manchmal nur ein kleiner Schritt, bis ein solches Zimmer zunächst in einen Hobbyraum, später in ein Vogelzimmer umgewandelt wird.

Die Einrichtung einer solchen Vogelstube erfordert einiges an Aufwand. Boden, Wände, Decken und Fenster müssen so hergerichtet werden, dass die Anlage leicht zu reinigen ist und die Tiere nicht daran nagen können. Je nach Material und Untergrund kann es genügen, die Wände und die Decke von Tapeten und Holzverkleidungen zu befreien und dann gegebenenfalls mit einer ungiftigen Wandfarbe zu streichen. Der Boden muss bei Betonböden mit einer glatten Estrichschicht, bei Holzböden zunächst mit einer wasserfesten Spanplatte versehen und dann gefliest werden. Die Fenster sollten mit einem Gitter vor den Schnäbeln der Papageien geschützt werden, möglichst aber so konstruiert, dass das Öffnen des Fensters möglich ist.

*Am wohlsten fühlen sich Graupapageien in einer Freivoliere. (Foto: Lantermann)*

Vor der Tür wird am besten eine Art Drahtschleuse aus Gitterrahmen installiert. Auf diese Weise muss die Zimmertür nicht von innen geschützt werden. Außerdem lassen sich Futter, Volierenschuhe, Reinigungsgeräte und vielleicht sogar noch ein kleines Waschbecken in diesem

Vorraum unterbringen. Schließlich kann man – bevor man die Voliere betritt – erst einmal schauen, was sich darin abspielt. Bei brütenden oder Junge aufziehenden Graupapageienpaaren ist es zum Beispiel nicht immer ratsam, die Voliere einfach zu betreten, denn die Altvögel reagieren unter Umständen äußerst aggressiv auf Eindringlinge jeder Art, oftmals sogar beim langjährig bekannten Pfleger.

Die beste Lösung ist die Haltung von Graupapageien in einer Freivoliere mit daran anschließendem Schutzhaus. Das Schutzhaus muss nicht gleich ein groß angelegtes Vogelhaus mit diversen Abteilungen, Quarantäneraum und Futterküche sein. Für den Anfang und den Halter mit geringeren Ambitionen reicht in der Regel auch eine kleinere Lösung. Wenn kein Schuppen, keine Garage oder kein Gartenhaus zur Verfügung stehen, die man zu diesem Zweck umbauen oder (mit-)nutzen kann, bietet sich die Errichtung eines kleinen Steinhauses mit einer Innenvoliere und einem so genannten Futtergang an. Für kleinere Bauvorhaben dieser Art (mancherorts bis 30 oder gar 50 Kubikmeter umbauten Raumes) sind meist keine Baugenehmigungen erforderlich. Allerdings erkundigt man sich vorsorglich beim zuständigen Bauamt. Auch eine Nachfrage beim Umweltamt und der Veterinärbehörde kann nicht schaden, denn manchmal haben auch diese Behörden bestimmte Größenvorgaben für Tiergehege, die möglichst nicht unterschritten werden sollten. Gesetzeskraft besitzen diese Vorgaben allerdings (noch) nicht. Demnach werden für die paarweise Haltung von Graupapageien (und anderen kurzschwänzigen Papageien zwischen 25 und 40 Zentimeter Körpergröße) folgende Mindestmaße für den Innenraum und die Außenvoliere gefordert, die meiner Meinung nach aber entschieden zu klein sind:

Mindestmaße der Voliere: 2,0 mal 1,0 mal 1,0 Meter (Länge mal Breite mal Höhe)

Mindestgrundfläche des Schutzraumes: 1 Quadratmeter

In diesem Buch werden keine Anleitungen für den Bau von Vogelhäusern gegeben, dafür gibt es die entsprechende Heimwerkerliteratur. Es sei aber auf einige grundsätzliche Überlegungen hingewiesen. Zum einen sollte man sich als Bauherr sehr wohl überlegen, wie groß man seine Anlage bauen kann (etwas größer hat noch nie geschadet) und ob man für eventuelle Nachzucht nicht gleich mindestens noch ein zweites (oder drittes) Volierenabteil mit einplant. Zweitens sind der Standort und die Ausrichtung der Anlage maßgebend. Sie soll nicht in der dunkelsten Ecke des Gartens liegen und sich möglichst harmonisch in das Bild der Gartenanlage einpassen. Drittens soll die Ausstattung des Innenhauses eine problemlose Pflege ermöglichen. Dazu gehören dicht schließende Türen, um die Mäuse fern zu halten, sowie ein Futtergang in passender Größe, sodass man ungehindert hantieren und gegebenenfalls mit einer Schubkarre hineinfahren kann. Schließlich sollten dort auch Lagerungsmöglichkeiten für Futter sowie eine Wasserstelle mit Handwaschbecken (zum Reinigen der Futternäpfe) vorhanden sein. Eine Heizmöglichkeit, die im Futtergang angebracht wird, ist für die winterliche Haltung von Graupapageien unerlässlich. Und nicht zuletzt sollte das Vogelhaus auch mit Strom, Licht und einer Notleuchte für die Nacht ausgestattet sein. Letztere wird in der Dämmerung eingeschaltet und dient den Tieren in der Dunkelheit zur Orientierung.

Die Wände müssen aus dauerhaften Materialien sein, die die Vögel nicht anknabbern können. Der Durchflug zur Freivoliere sollte durch einen Stahlseilzug vom Futtergang aus zu bedienen sein. Es ist nicht ganz einfach, geeignete, im Winter dicht schließende Volierenklappen zu bekommen. Relativ gut geeignet sind mit Glasbausteinen bestückte Schwingklappen, die es in den Größen 40 mal 20 Zentimeter und 50 mal 25 Zentimeter (mit je zwei Steinen bestückt) gibt. Sie haben nur den Nachteil, dass die Vögel meist oben über die Klappe laufen und sie dabei verschmutzen, was regelmäßige Reinigungsarbeiten notwendig macht. Bei anderen Konstruktionen, wie zum Beispiel senkrecht nach oben gezogenen Klappen, entfällt dieser zusätzliche Aufwand, allerdings schließen sie in der Regel nicht so dicht und lassen im Winter viel Heizwärme verloren gehen.

*Am besten ist ein Volierengitter aus Metall geeignet. (Foto: Pfeffer)*

Die eigentliche Voliere im Innenhaus wird ähnlich gebaut und installiert wie eine Zimmervoliere. Das gilt im Wesentlichen auch für die anschließende Freivoliere. Allerdings ist hier das richtige Fundament von großer Bedeutung. Es dient der Stabilisierung des Volierenrahmens und dem Fernhalten von Nagern, die sich häufig unter unzureichenden Fundamenten hindurchgraben und so in die Voliere gelangen können. Als Fundament kann zum einen ein Sockel aus Beton gegossen werden, der bei einer Breite von 10 bis 15 Zentimeter etwa 80 Zentimeter tief in den Boden hineinragt und ungefähr 20 Zentimeter herausschaut. Das sichtbare Mäuerchen kann zur besseren optischen Gestaltung entweder verputzt oder verklinkert werden. Darauf wird der Volierenrahmen befestigt, zum Beispiel mit Schrauben und Dübeln. Der Volierenrahmen soll allerdings einen Abstand von wenigen Millimetern zum Fundament haben, damit Luft und Feuchtigkeit zirkulieren können.

Als Material für das Volierengerüst empfiehlt sich auf jeden Fall verzinktes oder gar rostfreies Metall. Auch Holzvolierenrahmen sind möglich, sie werden aber schneller unansehnlich und müssen gelegentlich mit Holzschutzmitteln behandelt werden, damit sie länger haltbar sind. Außerdem benutzen die Graupapageien jede Gelegenheit, um die Ecken und Kanten der Holzbalken mit ihrem Schnabel zu bearbeiten. Die Folgen sehen auf Dauer nicht sehr schön aus und erfordern ständige Reparaturarbeiten. In solchen Fällen müssen die Ecken und Kanten mit Metallwinkeln geschützt werden und der Volierendraht sollte von innen an den Balken angebracht werden. Am besten sind auch hier Volieren aus Aluminium. Sie können in Rahmenbauweise vorgefertigt oder an Ort und Stelle in der benötigten Größe montiert werden.

Wenn die Freivoliere nicht durch den Innenraum betreten werden kann, muss man eine Außentür vorsehen. Hilfreich ist es dann, eine Art Schleuse zu bauen, damit die Tiere nicht in einem unbedachten Moment entkommen können. Dazu genügt ein kleiner drahtbespannter Raum mit einer Grundfläche von etwa 1 mal 1 Meter. Kleinere Schleusen erschweren das Betreten der Voliere mit Arbeitsgeräten und Abfalleimer.

Das Drahtgeflecht in allen Vogelunterkünften – ob Zimmer- oder Freivoliere – besteht heute durchweg aus verzinktem, punktgeschweißtem Viereckgeflecht oder – bei größeren Papageien – aus verzinkten Stahlmatten. Für Graupapageien empfiehlt sich ein Volierengitter mit einer Maschenweite von 25 mal 25 Millimeter und einer Drahtstärke von 1,05 Millimeter. Eine größere Maschenweite hat den Nachteil, dass größere Nager und ab 40 mal 40 Millimeter sogar Sperlinge in die Voliere eindringen können. Diese unerwünschten Besucher profitieren nicht nur vom Futter der Papageien, sondern hinterlassen durch ihren Kot und Urin gefährliche Infektionsquellen. Ratten und Mauswiesel vergreifen sich zudem nicht selten an Eiern und Jungvögeln und können sogar den Altvögeln schwer zusetzen oder sie auch töten. Selbst die empfohlene Maschenweite von 25 mal 25 Millimeter stellt einen Kompromiss dar. Auch sie ist durchlässig für Mäuse und junge Meisen, aber ein noch feinmaschigeres Gitter wäre gleichzeitig in der Drahtstärke zu dünn für Graupapageienschnäbel. Ideal wäre eine doppelte Verdrahtung der Voliere: innen graupapageiensicheres Geflecht und außen ein mäusesicheres Geflecht von 12,5 mal 12,5 Millimeter. Eine solche Voliere ist aber durch den doppelten Draht schwieriger einzusehen, aufwendiger in der Herstellung und natürlich auch teurer. Bei einer kleinen Volierenanlage sollte es möglich sein, die Nager zu kontrollieren, vor allem durch hygienische Vogelhaltung, häufiges Saubermachen und notfalls auch durch Schlagfallen, die an Mäusewechseln aufgestellt werden.

Der Draht wird mit kleinen rostfreien Metallplättchen und Blechschrauben innen am Volierenrahmen angeschraubt beziehungsweise fest-

*Bei einer Freivoliere empfiehlt sich eine Teilüberdachung. (Foto: Lantermann)*

geklemmt. Um den optischen Durchblick für den Betrachter zu verbessern, sollte der neue glänzende Volierendraht nach einer gewissen Zeit, wenn der Glanz durch Korrosion nachgelassen hat, gestrichen werden. Schwarze oder dunkelgrüne Lackfarbe, mit der Lackrolle aufgebracht, ist gut geeignet, um den Draht weniger auffallen zu lassen und die Sicht auf die Volierenbewohner zu erhöhen.

Bei einer überwiegenden Freivolierenhaltung empfiehlt sich eine Teilüberdachung der Voliere. Hier eignen sich Kunststoff-, Eternit- oder Doppelstegplatten. Bei Letzteren muss jedoch darauf geachtet werden, dass die abgedeckte Fläche und der dadurch im Sommer entstehende Hitzestau nicht zu groß und damit für die Vögel unerträglich wird. Grundsätzlich gilt, dass Freivolieren etwa zu einem Drittel überdacht werden sollen.

## Ausstattung und Beschäftigungsmöglichkeiten

Der Ausstattung der Voliere kommt gerade beim Graupapageien eine immense Bedeutung zu, da er als Hochintelligenz unter den Papageien anscheinend allzu oft unter Langeweile leidet und in der Folge zu psychischen Erkrankungen neigt. Die Grundausstattung einer Voliere besteht aus Sitzästen von etwa 2 bis 3 Zentimeter Durchmesser – mindestens einer davon sollte im überdachten Teil der Freivoliere angebracht sein. Dort werden die Vögel in der Regel ihre Ruhephasen verbringen. Darüber hinaus sollten weitere Zweige und Äste unterschiedlicher Dicke vorhanden sein, an denen die Vögel sitzen, hängen oder knabbern können. Manche Züchter und Vogelparks sind dazu übergegangen, ihren Großpapageien jeweils zwei Hartholzsitzstangen in den Unterkunften zu montieren, die sie nicht so leicht zerknabbern können. Für die Beschäftigung erhalten die Tiere mehrmals wöchentlich frische Obstbaum-, Weiden- oder Birkenzweige zum Beknabbern.

*Die Sitzäste sollen möglichst hoch und nicht oberhalb der Futterschalen angebracht sein. (Foto: Conrad)*

Bei der Installation der Sitzstangen achtet man darauf, dass sich mindestens zwei im größtmöglichen Abstand voneinander befinden, um das Flugvermögen der Vögel anzuregen. Außerdem sollen Sitzäste nicht über Futter- und Wassergefäßen angebracht werden, um eine Verschmutzung von Nahrung und Wasser zu verhindern.

Die weitere Ausstattung einer Voliere besteht aus einer Badeschale, die für Graupapageien mindestens 20 Zentimeter im Durchmesser haben soll und so fest installiert sein muss, dass die Tiere sie nicht umwerfen können. Handwerklich begabte Vogelhalter bauen – je nach Möglichkeiten und vorhandenem Platz – kleine Badebecken in den Volierenboden ein, die Wassertiefe darf aber etwa 5 Zentimeter nicht überschreiten. Einfacher und in der Regel leichter zu reinigen sind die als Badeschalen gut geeigneten glasierten Blumentopfuntersetzer aus dem Gartenfachhandel. Sie können entweder auf einer Betonplatte etwas erhöht auf den Volierenboden oder in einen eigens dafür hergestellten Wasserschalenhalter gestellt werden. Letzterer ist vor allem deshalb gut geeignet, weil die Tiere die Schale anfliegen müssen und sie deshalb nicht so leicht mit Sand verschmutzen. Zum anderen scheuen viele Papageien davor, auf den Volierenboden zu fliegen. Sie würden eine Wasserschale, die in etwa 70 bis 100 Zentimeter Höhe angebracht ist, zweifellos bevorzugen.

Besonders gut durchdachte Volieren werden mit einer Art Sprinkleranlage versehen, die in den Sommermonaten einmal täglich in Gang gesetzt werden kann. Manche Vögel schätzen eine solche tägliche Dusche, andere weichen den Wasserstrahlen aus oder flüchten in den Innenraum.

Schließlich bedarf es noch einiger Spiel- und Beschäftigungsmaterialien in den Volieren. Unter dem Begriff „behavioural enrichment“ (Verhaltensbereicherung) werden heute bei vielen Tierhaltungen Konzepte zur Beschäftigung der Tiere entwickelt und durchgeführt. Es gibt vielerlei Möglichkeiten, um seinen Graupapageien ein abwechslungsreiches Leben zu gestalten. Aller-

*Gespielt wird gern mit den unterschiedlichsten Materialien. (Foto: Pfeffer)*

dings bleiben viele Tiere – vor allem alt gefangene Wildtiere – ihr Leben lang skeptisch gegenüber Erneuerungen in ihrer Umgebung, sei es eine neue Futtermischung oder eine neue Volierenausstattung.

Für die Verhaltensbereicherung bietet der Markt inzwischen eine ganze Reihe von mehr oder weniger geeigneten Spielzeugen, angefangen von kleinen, auf Ketten aufgereihten Hölzchen, Kugeln, Ledersteifen und Steinen bis hin zu Holzringen, Seilen und Glocken. Es gibt sie in verschiedenen Farben, Größen und Preislagen. Wichtig ist, dass alle verwendeten Dinge mit ungiftiger Farbe behandelt sind und nicht zersplittern und dann verschluckt werden können.

Viele solcher Spielzeuge kann man leicht und preisgünstig selbst herstellen. Dazu bedarf es zum Beispiel einer rostfreien Kette, zweier kleiner Karabinerhaken, einiger Hölzchen und Klötzchen und einer Bohrmaschine. Die aufzufädelnden Gegenstände werden mit einer 12-Millimeter-Bohrung versehen, dann über die Kette gezogen und mit den Karabinerhaken an jedem Ende in das Volierengitter des Daches eingehakt. Allerdings erwecken solche Geräte oft nur kurze Zeit das Interesse eines Graupapageien. Abwechslung ist deshalb wichtig. Fichten- und Kiefernzapfen, modernde Holzstücke, Schwingäste an Ketten, frische, belaubte Zweige, Maiskolben – all diese Dinge tragen entscheidend zur Beschäftigungsförderung von Graupapageien bei, sorgen für Abwechslung, beugen der Langeweile vor und leisten somit einen wichtigen Beitrag zur psychischen Gesunderhaltung der Vögel. Der Fantasie des Pflegers sind dabei kaum Grenzen gesetzt – vorausgesetzt, die Vögel nehmen die angebotenen Gegenstände an. Manche Vögel aus Privathand, die oft jahrelang im kleinen Käfig gehalten wurden, sind an solche Verhältnisse nicht gewöhnt. Sie sitzen zunächst stundenlang tatenlos in ihrer neuen Unterkunft und beginnen meist nur sehr zaghaft, die neuen Umgebungsreize wahrzunehmen und zu verarbeiten, bis sie dann eines Tages alle Angebote der neuen Haltung annehmen. Ein bereits vorhandener Artgenosse, der sich auskennt, leistet dabei gute Dienste.

Der Volierenboden wird entweder mit einer dünnen Schicht Sand oder – wie es inzwischen immer häufiger in Vogelparks zu sehen ist – mit Rindenmulch abgedeckt. Sand hat den Vorteil, dass der Kot und die Futterreste der Vögel leichter herausgeharkt werden können. Rindenmulch sieht vor allem bei natürlich gestalteten Anlagen schöner aus und saugt den Kot der Tiere besser auf. Er lässt sich aber schwieriger reinigen und muss häufiger erneuert werden als ein Sandbelag. Als Volierensand ist gewöhnlicher Bausand (Rheinsand) völlig ausreichend. Es braucht nicht der teurere Vogelsand zu sein.

*Mancher Graupapagei buddelt sogar im Sand, um an einen bestimmten Gegenstand zu gelangen. (Foto: Pfeffer)*

# Haltungsformen und Sozialverhalten

Eine Einzelhaltung von Graupapageien gilt als Tierquälerei und wird aus den schon genannten Gründen hier nicht weiter beschrieben. In Ausnahmefällen, zum Beispiel im Krankheitsfall, kann es angeraten sein, einen Vogel vorübergehend getrennt von einem Partnervogel unterzubringen. Dies gilt im Notfall auch für einen fehlgeprägten handaufgezogenen Vogel, der trotz aller Bemühungen keinen Partnervogel akzeptiert. In diesem Fall hat der Halter kaum eine andere Wahl. Aber eine solche Haltungsform ist zweifellos als letzte Möglichkeit in Betracht zu ziehen und keineswegs artgemäß.

*Gesunde und artgemäß gehaltene Graupapageien sind meistens einfach an Artgenossen zu gewöhnen. (Foto: Conrad)*

## Paarweise Haltung

Zur Verhaltensbereicherung trägt in hohem Maße die Gesellschaft eines Artgenossen bei. Mit dem Artgenossen lässt sich viel Zeit verbringen, gemeinsame Gefiederpflege betreiben, gegebenenfalls kommt es auch zur Verpaarung, Brut und Jungenaufzucht. Der Artgenosse wirkt stimulierend und stimmungsübertragend. Mit ihm kommt es zu gemeinsamem Spiel, zu sozialen, sexuellen, aber auch agonistischen Kontakten, die das Leben in einer Voliere bestimmen und in vielerlei Hinsicht abwechslungsreicher gestalten. Kurzum: Die paarweise Haltung von Graupapageien ist nach den heutigen Vorstellungen einer artgemäßen Papageienhaltung die Grundvoraussetzung für das langfristige Wohlbefinden der Tiere in menschlicher Obhut. Aber nicht jeder Graupapageienhalter beginnt gleich mit zwei Tieren. Oftmals entsteht der Wunsch nach einem zweiten Tier (oder die Einsicht) erst mit der Zeit.

Einzelvogelhalter werden von Tierschützern oder langjährigen Praktikern dahingehend beraten, ihr Tier entweder zu vergesellschaften beziehungsweise zu verpaaren oder – wenn dies nicht möglich ist – ihren Einzelvogel an eine geeignete Einrichtung oder einen erfahrenen Vogelhalter weiterzugeben. Leider entsteht gerade hier ein Dilemma: Oft sind solche Vögel nach jahrelanger Einzelhaft sehr stark vorgeschädigt und auf ihren langjährigen Pfleger fixiert, sodass es längerer Zeit bedarf, um sie an eine paarweise oder Gruppenhaltung zu gewöhnen. Oft sind die Tiere durch jahrelanges Federrupfen zudem so hässlich, dass sie kaum ein anderer Halter und Züchter nehmen möchte.

Aber niemand sollte sich entmutigen lassen, solche Verpaarungsversuche anzugehen. Aus der eigenen Praxis kann ich berichten, dass sich auch langjährige Stubenvögel aus der Einzelhaltung vergesellschaften oder verpaaren lassen und dass es manchmal gar zu Spontanverpaarungen und zu Eiablagen und Bruten nach wenigen Monaten des Zusammenseins zweier Vögel kommt. Es sind aber auch gegenteilige Fälle bekannt: Manche Tiere lassen sich nur schwer aneinander gewöhnen. Hier liegen vielleicht zu unterschiedlich ausgeprägte Dominanzverhältnisse zwischen den Tieren vor oder es herrscht noch eine zu starke Bindung an den Pfleger. Gerade eine enge Tier-Mensch-Beziehung verhindert oft die erfolgreiche Verpaarung zweier Papageien. Aber auch hier helfen bestimmte Verhaltensvorgaben für den Pfleger und eine gewisse Portion an Beharrlichkeit, die schließlich meist zum Erfolg führen, manchmal allerdings erst nach dem zweiten oder dritten Versuch.

## Gruppenhaltung

Die bisherigen Erfahrungen mit Graupapageien, die im Freiland zwar in Sozialverbänden leben, aber nicht als ausgesprochene Koloniebrüter gelten, zeigen, dass eine Gruppenhaltung auch auf dem begrenzten Raum einer Voliere unter bestimmten Bedingungen möglich ist. Bislang zeichnen sich folgende Voraussetzungen ab, die zum Gelingen derartiger Gemeinschaftshaltungen beitragen können:

Zum einen scheint das gleichzeitige Einsetzen aller Vögel einer solchen Gruppe in eine Voliere hilfreich zu sein. Auf diese Weise sind alle Tiere von Anfang an desorientiert, müssen sich ihren künftigen Lebensraum Stück für Stück erschließen und dabei bestimmte Territorien und hierarchische Strukturen innerhalb der Volierengemeinschaft festlegen. Umgekehrt haben Neuankömmlinge bei einer bereits bestehenden Gruppe von vornherein schlechtere Integrationschancen. Im Gegensatz zur Vergesellschaftung von Amazonenpapageien in Gruppen können Graupapageien mit einiger Vorsicht aber durchaus auch nach und nach in eine Volierengemeinschaft eingebracht werden, ohne dass es zu massiven oder gar tödlichen Auseinandersetzungen kommen muss.

Zweitens scheint es auch bei Graupapageien sinnvoll zu sein, Gruppen mit ausgewogenen Geschlechterverhältnissen zu halten. Nur ganz wenige Papageienarten leben im Freiland in polygamen Gruppen, wogegen die Monogamie den Regelfall sozialer Kleinstrukturen in Papageiensozietäten darstellt. Obwohl es in Menschenobhut viele Beispiele für Paarbildungsprozesse zwischen zwei männlichen oder zwei weiblichen Tieren gibt, ist dies für Volierenverhältnisse nicht zu empfehlen.

Schließlich spielen sicherlich das Platzangebot und die Strukturierung einer Voliere eine entscheidende Rolle für die Bestimmung der geeigneten Gruppengröße. Hier lassen sich bislang keine verbindlichen Maßstäbe aufstellen. Sie müssen im Einzelfall durch sorgfältige Beobachtung der jeweiligen Papageiengruppe ermittelt werden. In bestimmten Fällen kann es sinnvoll sein, weitere Futterplätze zu schaffen, Sichtblenden

*Bei einer Gruppenhaltung kann das Territorialverhalten sehr ausgeprägt sein. (Foto: Conrad)*

anzubringen, bevorzugte Sitzplätze der Vögel mit weiteren Sitzästen auszustatten oder besonders aggressive Tiere oder Paare aus der Gruppe zu entfernen.

Die Vorteile einer solchen Haltungsform liegen zum einen darin, dass eine größere Anzahl von Papageien gemeinsam in einer größeren Voliere gehalten werden kann, statt nach den Maßstäben der eher konservativen Papageienhaltung für jedes Großpapageienpaar eine Einzelvoliere reservieren und betreuen zu müssen. Besonders in Zeiten knapper werdender Platzangebote in Zoologischen Gärten und Vogelparks bestünde hierdurch die Möglichkeit, die vorhandenen Volieren besser auszunutzen und auch solche Papageien vermehrt aufnehmen und artgerecht halten zu können, die von Privathaltern immer häufiger mit dem Wunsch nach einem tiergerechten Unterbringungsplatz weitergegeben werden. Die Graupapageien stehen hier – neben verschiedenen Amazonenarten – an erster Stelle der Prioritätenliste.

Durch eine solche Haltung in größeren Anlagen steigert sich, auch aufgrund günstigerer Möglichkeiten der Gehegegestaltung, das ästhetische Empfinden für den Betrachter, der dadurch zugleich eine gewisse Vorstellung vom Sozialleben der Papageien erhält. So mag auch ein anderes Bild von artgemäßer Papageienhaltung entstehen und deutlich werden, dass die häufig praktizierte Einzelhaltung die schlechteste aller Haltungsformen darstellt.

Schwierigkeiten können sich allerdings bei der Pflege der Tiere ergeben, zum Beispiel bei der Überwachung der Futteraufnahme, der veterinärmedizinischen Betreuung oder der Einhaltung der Hygienevorschriften. Hier ist eine besonders sorgfältige Arbeit des Pflegers erforderlich, die die genaue Beobachtung des gesamten Papageienbestandes einschließt. Häufige Grundreinigungen und regelmäßige Kotuntersuchungen gehören ebenso zur praktischen Vorsorge.

Inwieweit Zuchterfolge in solchen Haltungssystemen ohne größere Konflikte möglich sind, bleibt im Augenblick dahingestellt. Die Vermehrungschancen sind in solchen Gemeinschaftsvolieren wohl eher gering, sei es, dass den brutwilligen Paaren die Ruhe fehlt, um dem Brutgeschäft nachzugehen, sei es, dass die Hauptenergie der Männchen auf territoriale Auseinandersetzungen mit Artgenossen verwendet werden muss oder dass eine Brutstimmung gar nicht erst aufkommt. Hier liegen sicherlich die Grenzen eines derartigen Haltungssystems.

Kürzlich erschien in einer Fachzeitschrift ein Bericht über einen Zuchterfolg mit Graupapageien in der Gruppenhaltung. Nach längerem Kennenlernen wurden sieben Graupapageien aus Privathand – teilweise mit Verhaltensstörungen behaftet, teils sprechend – in einem Zimmer von etwa 3 mal 4 Meter Grundfläche bei einer Höhe von 3 Meter vergesellschaftet. Sie teilten sich den Raum sofort in drei Reviere. Bei zwei Paaren kam es zur Eiablage, bei einem Paar schlüpften schließlich drei Junge, die bis zur Selbstständigkeit aufgezogen wurden. Mit der Zeit unterhielten die Jungen Kontakte zu den meisten Altvögeln der Gruppe. Die Züchterin bemerkte, dass die Haltung in der Gruppe allen Vögeln sehr gut bekam. Die anfangs vorhandenen Verhaltensauffälligkeiten verschwanden mit der Zeit großteils und die Vögel zeigten sich ausgeglichen. Die Tiere konnten zu jeder Zeit zu jedem Artgenossen Kontakt aufnehmen, was vor allem an den Futterplätzen zu beobachten war. Die Graupapageien „sprachen“ mit der Zeit immer weniger, stattdessen äußerten sie Pfiffe und ahmten andere Geräusche nach.

*Verschiedene Körnermischungen sind meistens die Grundnahrung für Graupapageien. (Foto: Lantermann)*

# Richtige Ernährung

Obwohl man inzwischen davon ausgeht, dass der Graupapagei im Freileben bei der Auswahl seiner Nahrung zumindest ein Teilspezialist beziehungsweise gar ein reiner Nahrungsspezialist ist, herrscht bei vielen häufig noch Unklarheit über eine adäquate Nahrungszusammensetzung bei der Haltung in Menschenobhut. Während den einen das handelsübliche Papageienfutter (mit viel Sonnenblumenkernen und Erdnüssen) geeignet erscheint, lehnen die anderen gerade die beiden genannten Bestandteile als ungeeignet ab, weil sie zum Verfetten der Tiere führen können und weil Erdnüsse zudem heute in dem Ruf stehen, vermehrt Träger von Schimmelpilzen zu sein, die dem tierischen Organismus Schaden zufügen könnten. Sie halten sich dagegen lieber an die viel propagierte Erhaltungsdiät (mit hohen Kardisaatanteilen), an Keim- und Quellfutter oder an die so genannten Papageienpellets. Dass der Stein des Weisen für die richtige Graupapageienernährung noch nicht gefunden wurde, zeigt zumindest die Tatsache, dass die überwiegende Mehrzahl der gehaltenen Graupapageien kaum älter als 10-15 Jahre alt wird, obwohl die Lebenserwartung wahrscheinlich dreimal so hoch ist.

Wie ist nun in der täglichen Praxis zu verfahren? Üblicherweise ist davon auszugehen, dass Graupapageien beim Vorbesitzer vor allem mit Sonnenblumenkernen und Erdnüssen als Grundnahrung ernährt worden sind. Mit einer solchen Mischung ist demnach erst einmal die Eingewöhnungsphase zu bestreiten. Erst mit der Zeit sollten dann die Erdnüsse reduziert werden und auf Dauer möglichst nur noch ganz sparsam verabreicht werden. Gleichzeitig soll der Sonnenblumenkernanteil verringert und durch weniger fetthaltige, aber gleichzeitig nährstoffreiche Sämereien ersetzt werden. Hier bietet sich vor allem Kardisaat an, die mit der Zeit von vielen Graupapageien aufgenommen wird.

In der Praxis könnte dies bedeuten: Ein handelsübliches Großpapageienfutter (ohne Erdnüsse) wird nach der Eingewöhnungszeit mit einer Diätmischung zu gleichen Teilen angereichert, sodass sich automatisch der Anteil der Sonnenblumenkerne halbiert. Gleichzeitig wird die Palette des verfügbaren Obstes auf Akzeptanz getestet. Äpfel nehmen die meisten Graupapageien oft problemlos, viele Tiere entwickeln darüber hinaus Vorlieben für andere Obst- und Gemüsesorten wie zum Beispiel Birnen, Weintrauben, frischen Mais und Möhren. Graupapageien können jedes für den menschlichen Verzehr geeignete Obst angeboten bekommen. An Grünfutter stehen aus dem Gemüsegarten vor allem Salat, Spinat und Mangold zur Verfügung. Von den Wildpflanzen eignen sich besonders Löwenzahn und Vogelmiere, die in fast allen Gärten zu finden sind.

Das trockene Körnerfutter wird in einem separaten Napf gereicht. Pro Vogel sollen täglich etwa 30 Gramm angeboten werden. Abzüglich der Spelzen kommen die Papageien damit auf ihren Tagesbedarf. Ständig voll gefüllte Futternäpfe verleiten die Tiere dagegen zur Selektion einzelner Futterarten und darüber hinaus zur Futtervergeudung. Aber Vorsicht: Nur behutsam auf eine neue Futtermischung umgestellte Vögel werden das gesamte Futter aufnehmen. Besonders konservative Graupapageien sollen hingegen schon vor dem mit „falschem" Futter gefüllten vollen Napf verhungert sein.

Obst, Gemüse und Grünfutter kommen – klein geschnitten oder klein gerupft – ebenfalls in einen separaten Futternapf. Er muss täglich ausgespült werden, bevor er neu bestückt wird. An warmen Tagen darf man das Futter nur wenige Stunden in der Voliere belassen. Danach müssen die Reste entfernt werden, damit sie nicht verderben und den Vögeln Schaden zufügen.

Ein dritter Futternapf steht für Mineralien bereit. Mineralstoffmischungen (Grit und Futterkalk) für Großpapageien sind im Handel erhältlich. Futterkalk kann man auch über das Obst streuen, die Mineralstoffe sollten aber besser in einem separaten Napf gereicht werden und ständig zur Verfügung stehen.

*Obst und Gemüse sollten täglich angeboten werden. (Foto: Pfeffer)*

In einem vierten Napf wird schließlich Trinkwasser gereicht. Es wird in der Regel direkt aus der Leitung entnommen und muss täglich erneuert werden, an heißen Sommertagen auch zweimal täglich, damit die Tiere immer frisches Wasser zur Verfügung haben. In Gegenden mit schlechter Wasserqualität nimmt man ersatzweise stilles Mineralwasser. Zur Vitaminversorgung ist die gelegentliche Verabreichung eines Obst- oder Möhrensaftes durchaus zu empfehlen.

Immer mehr Großpapageienhalter gehen heute dazu über, ihren Tieren gequollenes Futter anzubieten. Dazu verwenden sie meist so genanntes Taubendiätfutter (ohne Hülsenfrüchte). Die benötigte Menge wird über Nacht in Wasser eingeweicht, am nächsten Morgen in einem Sieb mehrfach durchgespült und dann an die Tiere verabreicht. Auch hier ist Hygiene oberstes Gebot. Die Näpfe müssen vor der erneuten Benutzung täglich gründlich gereinigt werden.

Weiter stellt sich die Frage nach einer zusätzlichen Proteinversorgung der Papageien in Form von geringen Zugaben an Quark, Käse, Fleischresten (an Knochen) und so weiter. Die Wissenschaftler der Tierärztlichen Hochschule in Hannover gehen davon aus, dass der Proteinbedarf der Vögel in der Regel wahrscheinlich bereits durch das übliche Sämereienspektrum abgedeckt ist. Die Ergänzung mit Produkten tierischen Ursprungs kann im Erhaltungsstoffwechsel demnach zu einer unnötig hohen Proteinaufnahme und in der Folge zu gesundheitlichen Risiken führen. Im Leistungsstoffwechsel (bei der Mauser und bei heranwachsenden Jungtieren) sind hingegen Ergänzungsgaben angebracht. In dieser Zeit sollten ein handelsübliches Eifutter und gegebenenfalls kleine Mengen an Quark, Käse und darüber hinaus eventuell Dosenfutter für Hunde oder Katzen angeboten werden. Inwieweit rohes Fleisch (auch in kleinen Mengen) für Graupapageien förderlich ist, wird unterschiedlich bewertet.

Schließlich noch ein Wort zur Verwendung von Papageienpellets. Sie sind auf dem Vormarsch und werden heute schon von zahlreichen Herstellern angeboten, vornehmlich als Importprodukte aus den USA. Papageienpellets haben den Vorteil, dass sie – wenn sie von den Tieren genommen werden – eine Rundumversorgung der Vögel gewährleisten. Eine selektive Futterwahl entfällt, es entsteht keine Futtervergeudung und es bleiben kaum Rückstände. Der Nachteil liegt nach meiner Ansicht darin, dass die Sinnesreize und der Beschäftigungsaspekt, zum Beispiel beim Entspelzen der Sämereien, für die Papageien entfallen. Außerdem sind manche Vögel nur außerordentlich schwer an Pellets zu gewöhnen.

Pelletierte Futtermittel sind sicherlich eine hervorragende Grundnahrung, die alle wichtigen Ansprüche der Vögel gewährleistet. Im Einzelfall muss getestet werden, ob die Vögel sie nehmen. Dann sollte zweimal am Tag gefüttert werden: morgens Pellets als Grunddiät, nachmittags ergänzend Körnerfutter, Obst und Grünzeug in einer geringeren Menge. Mit einem solchen Futtermanagement ist allen Aspekten der Graupapageienernährung gedient.

Die Praxis der täglichen Fütterung wird erleichtert, wenn man alle Futtergefäße doppelt hat. Es eignen sich dazu die relativ preisgünstigen glasierten Tonuntersetzer, die im Gartenfachhandel zu bekommen sind. Sie lassen sich leicht reinigen. Möglichst täglich wird eine neue Garnitur verwendet, während die zweite ausgewaschen und zum Trocknen in die Spüle gestellt wird. Hier zeigt sich wiederum der Vorteil, wenn das Vogelhaus mit fließendem Wasser ausgestattet ist. Als Futterbrett ist eine Art Drahtrahmen zu empfehlen. Durch die groben Maschen fallen die Futterreste auf den Boden und können dann leicht zur Tür hinausgeharkt werden.

Heute sind außerdem Metallfutternäpfe im Handel, die in einer Art Drehvorrichtung eingehängt werden können. Sie lassen sich nach dem Entsichern leicht in den Futtergang hineindrehen, dort können die Näpfe gesäubert, neu bestückt und schließlich wieder in die Voliere zurückgedreht werden. Besonders für große Käfige und Volieren, die nicht oft betreten werden sollen beziehungsweise nicht mit einer Sicherungsschleuse versehen wurden, sind diese Gefäßhalterungen sehr zu empfehlen, da die Vögel bei der Fütterung nicht entweichen können. Sie sind in der Regel rost- und wartungsfrei, aber auch nicht ganz billig.

*Metallfutternäpfe einer Volierenanlage (Foto: Pfeffer)*

# Die Zucht

## Einige Gedanken zuvor

Manche Papageienliebhaber – besonders aus Kreisen von Tierschutzvereinigungen oder sonstigen Tier- und Artenschutzgruppierungen – lehnen die Zucht von Graupapageien heute ab. Im ersten Moment ist dies kaum nachzuvollziehen, denn jeder nachgezüchtete Vogel vermindert doch die Anzahl der notwendig werdenden Importe – so ist die gängige Argumentation. Tierschützer haben oft eine andere Sichtweise. Besonders die auf Papageien spezialisierten Tierheime und Papageienhäuser machen nämlich die Erfahrung, dass ihnen Jahr für Jahr zahlreiche Graupapageien und andere Großpapageien aus Privathand übergeben werden, weil sie nach einer gewissen Haltungszeit zu laut und lärmig geworden sind, Schmutz verbreiten, sich durch zunehmende

Aggressivität bei Eintritt der Geschlechtsreife auszeichnen oder durch Federrupfen unansehnlich geworden sind. Manche Halter haben nach Jahren auch einfach die Vogelpflege satt und suchen dann nach einem adäquaten Pflegeplatz – insgeheim vor dem Hintergrund, dass man doch nicht alles richtig gemacht hat, um die Bedürfnisse des Vogels zu erfüllen.

Aus dieser Situation heraus sind inzwischen mancherorts so genannte Papageienhäuser entstanden, die bemüht sind, dem Notstand abzuhelfen und Papageien aufzunehmen. Wo dies sachverständig und mit dem notwendigen Fachwissen geschieht, können solche Einrichtungen durchaus einen praktischen Nutzen haben, der gelegentlich bis hin zur sachgemäßen Information der Vogelhalter reicht. Manche dieser Einrichtungen besitzen für Vogelhalter aber auch abschreckenden Charakter. Wer plötzlich mit einer Vielzahl verhaltensgestörter, federrupfender oder angstschreiender Graupapageien konfrontiert wird, muss erkennen, dass mit der vogelhaltenden Gesellschaft im Allgemeinen etwas nicht stimmt. Wenn durch bestimmte Formen der Vogelhaltung nur gefiederte Psychopathen produziert und hinterher in ein Papageienhaus abgeschoben werden, muss das System der Vogelhaltung neu durchdacht werden.

Dass die Verantwortlichen solcher Vogelhäuser die weitere Vermehrung zum Beispiel von Graupapageien ablehnen, ist somit verständlich. Denn wenn das Ergebnis letztlich darin besteht, dass junge, möglichst handzahme und später sprechende Vögel für den Markt produziert werden und dann irgendwann wieder in einer solchen Auffangstation landen, bedarf es offensichtlich einer völligen Neuorientierung in der Graupapageienhaltung.

*Artgemäß gehaltene Tiere sorgen auch für die natürliche Aufzucht ihrer Jungen. (Foto: Conrad)*

Andererseits gibt es erfreuliche Tendenzen. Immer mehr Papageienhalter entschließen sich zur paarweisen Haltung ihrer Tiere. Im Sinne einer artgemäßen, tiergartenbiologisch orientierten Haltung sorgen sie für ein abwechslungsreiches Leben ihrer Tiere und ermöglichen ihnen auch einen kompletten Brutzyklus mit der natürlichen Aufzucht ihres Nachwuchses. Hierdurch ergibt sich für die Tiere viel Beschäftigung bei der Aufzucht der Jungtiere und ein regelmäßiger Jahresrhythmus. Die Weitergabe solcher Jungtiere erfolgt immer häufiger nur in paarweiser Volierenhaltung. Manche Züchter geben ihren Nachwuchs, den sie unter Umständen sogar von mehreren Paaren erzielen, sogar nur paarweise ab. Auf diese Weise kann die Zucht des Graupapageien durchaus einen Beitrag zur Verminderung der Wildvogelimporte leisten.

Die Nachzuchtstatistiken der deutschen Vogelhalterverbände weisen – leider nicht getrennt nach Naturbruten und Handaufzuchten – einen zunehmenden Anteil von gezüchteten Graupapageien auf. Wer sich heute in den Fachzeitschriften umsieht und frühzeitig Kontakte zu Züchtern aufbaut, wird früher oder später zu seinen nachgezüchteten, von den Elterntieren aufgezogenen Jungvögeln kommen.

## Zucht ist genehmigungspflichtig

Bei allem Engagement und guten Willen, bei aller Begeisterung für unvorhergesehene Situationen, Spontanverpaarungen und unerwartete Eiablagen sollte nicht vergessen werden, dass jede Papageienzucht genehmigungspflichtig ist. Ordnungsamt, Veterinäramt, Umweltamt und/oder Untere Landschaftsbehörde (je nach Verwaltungsstruktur des Kreises oder der Stadt) sind über die Zuchtabsichten zu informieren. Das Umweltamt oder die Untere Landschaftsbehörde interessiert sich in der Regel für den artenschutzrechtlichen Aspekt. Da der Graupapagei zu den besonders geschützten Wirbeltierarten gehört und demzufolge im Anhang II des Washingtoner Artenschutzübereinkommens (WA) aufgeführt ist, muss die Herkunft der Graupapageien – auch eines Einzelvogels – bei der Behörde nachgewiesen und die Haltung angemeldet werden. Der Nachweis erfolgte bis 1997 zwingend über die so genannte CITES-Bescheinigung (Einfuhrpapier gemäß den Vorgaben des WA), heute genügt eine Kaufquittung des Händlers oder die Quittung eines privaten Anbieters mit der Erklärung, dass der Vogel seinerzeit (möglichst mit Jahresangabe, Zoohandlung, privater Anbieter) legal erworben wurde. Der Vogel muss einen amtlichen Fußring tragen, dessen Nummer in den Papieren eingetragen wird. Zur zweifelsfreien Kennzeichnung geht man zunehmend auch dazu über, wertvollen Großpapageien einen Mikrochip zu implantieren, der Manipulationen weitestgehend ausschließt. Mit einem speziellen Lesegerät lässt sich die Registriernummer des Vogels ablesen und seine Identität genau klären. Amtlich anerkannt sind die Mikrochips zurzeit wohl noch nicht. Bisher gelten die althergebrachten Fußringe aus Metall oder Kunststoff mit eingravierter Nummer.

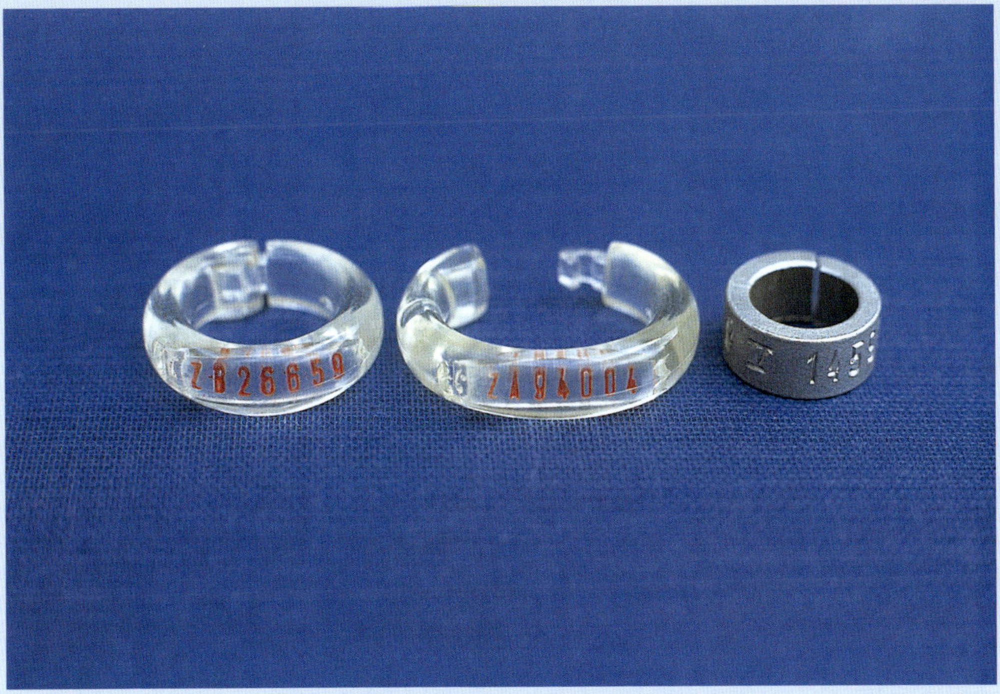

*Für die Kennzeichnung gibt es Metall- und Kunststoffringe. (Foto: Lantermann)*

## Fußringe

Die Fußringe sind auch vorgeschrieben für die zweite beteiligte Behörde, nämlich das Veterinär- oder Ordnungsamt, das sich für den tierseuchenrechtlichen Aspekt interessiert. Zur Überwachung und Kontrolle aller Papageienzuchten im Hinblick auf auftretende Seuchen (vor allem die Papageienkrankheit) muss jeder Züchter amtlicherseits registriert werden. Hier darf die reine Haltung zwar ohne Genehmigung erfolgen, die Zucht ist hingegen genehmigungspflichtig. Die Erteilung einer Zuchtgenehmigung ist an bestimmte Auflagen gebunden. Zum einen muss sich der Antragsteller einer kleinen Sachkundeprüfung durch den Amtstierarzt unterziehen beziehungsweise eine absolvierte Sachkundeprüfung nachweisen. Außerdem muss er über Ankauf, Nachzucht und Weitergabe seiner Vögel ein Nachweisbuch führen und alle Nachzuchtvögel mit amtlichen Ringen kennzeichnen. Das Nachweisbuch ist in Deutschland zu erhalten über den Landbuch-Verlag in Hannover, über die AZ (Vereinigung für Artenschutz, Vogelhaltung und Vogelzucht in Backnang) oder den DKB (Deutscher Kanarienzüchterbund in Coesfeld). Bei der Beantragung der amtlichen Ringe ist jeweils anzugeben, für welche Vogelart sie gebraucht werden. Sie sind gegen Vorlage einer Kopie der Zuchtgenehmigung über den Zentralverband Zoologischer Fachbetriebe in Langen, die AZ in Backnang oder den DKB in Coesfeld zu beziehen.

Die Ringe des Zentralverbandes sind offene Ringe, die dem Vogel zu jedem Zeitpunkt angelegt werden können. Hier sind allerdings auch die Möglichkeiten der Ringmanipulation am größten. Die Ringe der beiden anderen Verbände haben den Vorteil, dass es sich um geschlossene Ringe handelt, die den Tieren nur kurz nach dem Schlupf umgelegt werden können. Damit sind solche Jungvögel eindeutig als Nachzuchten zu identifizieren. Nachteilig kann sich – besonders bei störungsempfindlichen Elterntieren – auswirken, dass die Jungen schon im frühen Nestlingsalter angefasst und aus dem Nest geholt werden müssen, um ihnen den Ring überzustreifen.

## Zusammenstellung der Paare

Bei der Paarzusammenstellung bei Graupapageien ist einiges zu beachten. Bei der Zucht geht es nicht mehr um die bloße Vergesellschaftung, sondern um die adäquate Verpaarung zweier verschiedengeschlechtlicher, möglichst etwa gleichaltriger, zumindest aber geschlechtsreifer und miteinander harmonierender Vögel. Grundvoraussetzung ist zunächst die einwandfreie Geschlechtsbestimmung.

Graupapageien weisen wie viele hoch entwickelte Papageienarten keine äußerlich erkennbaren Geschlechtsmerkmale auf. Fast jeder Halter hat eine Vermutung bezüglich des Geschlechts seines Tieres. Üblicherweise werden Tiere mit großem Kopf und Schnabel als Männchen, kleinere Tiere mit zierlichem Schnabel als Weibchen eingestuft. Darüber hinaus glauben viele Halter, das Geschlecht ihres Tieres am Verhalten (Balzverhalten, Fütterungsverhalten und so weiter) erkennen zu können.

Manche dieser Merkmale mögen von Fall zu Fall zutreffen, oft sind sie aber sehr subjektiv und ermöglichen keine sichere Geschlechtsbestimmung. Schon mancher Halter hat bei einem offensichtlich harmonierenden Paar unterschiedlich großer Tiere jahrelang auf eine Eiablage gewartet, bis sie sich bei der Geschlechtsbestimmung als gleichgeschlechtlich erwiesen. Die modernen Methoden der Geschlechtsbestimmung sind heute relativ risikoarm und einigermaßen preisgünstig, sodass sie sich besonders bei ernsthaften Zuchtversuchen auf jeden Fall empfehlen.

### Geschlechtsbestimmung

Die Endoskopie (Spiegelung der Bauchhöhle und der Geschlechtsorgane) hat sich vor etwa 15 Jahren zur allgemein angewandten und leicht durchführbaren Methode für die Geschlechtsbestimmung monomorpher Vogelarten entwickelt. Sie wird heute wegen bestimmter medizinischer Risiken allerdings kaum noch angewendet.

Stattdessen ist seit wenigen Jahren eine Methode zur Geschlechtsbestimmung zugänglich, die auf der Analyse des genetischen Codes der Vögel beruht: die DNA-Geschlechtsanalyse. Zur Analyse wird lediglich eine frisch ausgefallene oder aus-

*Eine Geschlechtsbestimmung sollte erfolgen, wenn zwei Jungtiere für eine geplante Zucht aneinander gewöhnt werden. (Foto: Pfeffer)*

gezogene, möglichst große Feder (Schwung- oder Schwanzfeder) benötigt, die zum Versand in Alufolie oder einer Gefriertüte sorgfältig verpackt und mit Namen, Anschrift des Vogelhalters, Vogelart, Ringnummer und Entnahmedatum der Federprobe versehen wird. Die Vorteile der Methode liegen darin, dass sie auf alle Vogelarten anwendbar ist und schon bei ganz jungen Tieren sichere Ergebnisse liefert. Gegenüber der zuvor bevorzugten Endoskopie ergeben sich ein verringertes Risiko und weniger Stress für den Vogel, da nur die Entnahme einer einzigen großen Feder notwendig ist. Die Kosten für eine solche Geschlechtsbestimmung liegen derzeit noch etwas höher als der Durchschnittspreis für die Endoskopie, allerdings bieten die meisten Institute (Adressen in Fachzeitschriften) Staffelpreise für die Bestimmung einer größerer Anzahl von Proben an.

*Ein harmonierendes Paar Timneh-Graupapageien (Foto: Conrad)*

## Altersbestimmung

Neben der Geschlechtsbestimmung ist eine – zumindest ungefähre – Altersbestimmung der für die Zucht vorgesehenen Tiere notwendig. Bei Wildfängen ist dies nicht immer ganz einfach. Da aber meist Jungtiere gefangen werden, gibt das Datum der CITES-Bescheinigung, also das Einfuhrdatum, eine grobe Vorstellung vom Alter der Tiere. Bei Nachzuchten sollte es dagegen kein Problem sein, das Alter des Tieres auf den Tag genau zu ermitteln. Wenn überhaupt keine Anhaltspunkte für das ungefähre Alter der Vögel gegeben sind, kann man sich ein wenig an äußeren Merkmalen des Vogels orientieren.

Die Irisfärbung von Jungvögeln ist in der Regel schwarz oder grau, sie verändert sich mit der Zeit zu Blassgelb und erreicht bei erwachsenen Vögeln schließlich ein intensives Strohgelb. Außerdem ist die Gefiederfärbung der Jungvögel etwas von den Altvögeln unterschieden. Jungvögel haben zunächst dunkelrote Schwanzspitzen und die Unterschwanzdecken sind rot mit grauem Anflug. Die Schnäbel von Jungvögeln sind ganz glatt, Altvögel weisen dagegen verschiedene Strukturen am Schnabel auf, die durch die permanenten Hornwachstumsschübe entstehen. Die Füße der Altvögel sind durch aufgelagerte Hornplättchen gekennzeichnet, die den Füßen und Zehen der Jungvögel fehlen.

Graupapageien werden mit etwa drei Jahren erstmals brutlustig und erreichen ihre volle Geschlechtsreife im fünften Lebensjahr. Man sollte darauf achten, dass die zur Zucht vorgesehenen Tiere geschlechtsreif und etwa gleichaltrig sind. Erfolg versprechend ist auch die frühzeitige Zusammengewöhnung zweier verschiedengeschlechtlicher Jungtiere, die später erfahrungsgemäß oft ein harmonierendes Paar bilden.

### Harmonie der Paarbeziehung

Neben der Geschlechts- und Altersbestimmung der Vögel spielt ein weiterer entscheidender Faktor eine Rolle: die Sympathie zweier Vögel und die dadurch entstehende Harmonie einer Paarbeziehung. Am günstigsten ist es, wenn sich zwei Partnervögel innerhalb einer größeren Gruppe finden können. Dies lässt sich zum Beispiel in den so genannten Papageienhäusern praktizieren, die meist mit einer größeren Anzahl von Graupapageien konfrontiert sind. Hier können sich innerhalb einer Gruppe Paare bilden, die dann – um der allgemeinen Platznot in solchen Einrichtungen zu begegnen – paarweise an verlässliche Züchter weitergegeben werden. In der Privathaltung sind solche Verhältnisse schwierig zu ermöglichen. Üblicherweise wird die Verpaarung eines vorhandenen mit einem fremden Vogel versucht. Dies gelingt in einer gewissen Anzahl von Fällen, genauso häufig finden die Vögel jedoch nicht zueinander. Das kann ganz verschiedene Ursachen haben.

Häufig liegt ein Scheitern am Pfleger selbst. Insbesondere dann, wenn er eine sehr enge Beziehung zu seinem Vogel unterhält und sich später entschließt, seinem Tier einen Partnervogel zuzugesellen. Rein rational betrachtet möchte er den Vorgang der Verpaarung auf jeden Fall einleiten, emotional verhindert er aber oft dessen Erfolg. Wenn ein zweiter Vogel im Haus ist, der nun mit dem ehemaligen Einzelvogel zusammengebracht werden soll, stellen sich beim Halter zwiespältige Gefühle ein. Die rationale Entscheidung weicht der Eifersucht. Plötzlich wird deutlich, dass sich sein Vogel von ihm ab- und einem anderen Vogel zuwenden soll. Das Ziel ist ja schließlich die gelingende Verpaarung mit einem anderen Papageien, der Preis ist die Aufgabe der Ersatzpartnerbeziehung des

Menschen zu seinem Tier (und umgekehrt). Durch ständige Präsenz, dauernde Eingriffe und gutes Zureden versucht der Pfleger die Dinge zwischen den Vögeln zu harmonisieren, in Wirklichkeit verhindert er damit letztlich aber die eigentlich erwünschte Verpaarung. Was ist in solchen Fällen zu tun?

Verpaarungsprozesse zwischen zwei ehemaligen Einzelvögeln (mit Bindung an den Pfleger) finden am besten auf neutralem Terrain statt. Die beiden Vögel sollten zu diesem Zweck zunächst für einige Wochen in einem separaten Raum wie einer Voliere oder Vogelstube untergebracht werden, den beide noch nicht kennen. Auch hier könnten Tier-

*Solch ein bisher einzeln gehaltener Graupapagei wird am besten auf neutralem Terrain mit einem Artgenossen zusammengebracht. (Foto: Conrad)*

heime und die Papageienhäuser gute Hilfe leisten, indem sie solche Verpaarungsräume einrichten. Erst wenn feststeht, dass zwei Vögel gut miteinander harmonieren, oft zusammensitzen und soziale Gefiederpflege betreiben, können sie wieder an den privaten Halter zurückgegeben werden. Der sollte seine künftige Aufgabe dann allerdings nicht darin sehen, seinen ehemaligen Stubenvogel wieder "abzuwerben", sondern seine Rolle auf die Pflege, Fütterung und Beobachtung der Tiere beschränken, um deren Harmonie möglichst wenig zu stören.

Von Fall zu Fall kommt es vor, dass solche Verpaarungsversuche zwischen zwei Vögeln nicht erfolgreich sind. Dann muss man versuchen, ein anderes Tier zu bekommen, und den beschriebenen Prozess erneut einleiten. Einige wenige Tiere schließlich erweisen sich auch nach mehrmaligen Versuchen als nicht verpaarbar. Hier mögen unter Umständen schwere Sozialisationsstörungen oder (Hand-)Aufzuchtschäden vorliegen. Diese Tiere sind bedauernswerte Kreaturen, die dann dauerhaft nur als Einzelvögel in der Obhut des Menschen gepflegt werden können – selbstverständlich unter größtmöglichem Platz- und Beschäftigungsangebot und ständiger Zuwendung des Menschen.

## Die richtigen Umgebungsverhältnisse

Allein mit der Paarzusammenstellung ist es allerdings bei der Graupapageienzucht nicht getan. Es müssen zudem geeignete Umgebungsverhältnisse vorliegen, damit die Tiere in Brutstimmung gelangen. Dazu gehört zunächst ein adäquates Klima im Zuchtraum. Graupapageien, die ständig unter gleich bleibenden Verhältnissen leben, und auch solche, die in dunklen, engen Unterkünften ihr Dasein fristen müssen, werden in der Regel kaum oder gar nicht in Brutstimmung kommen. Günstig für die Zucht ist ein Temperatur- und Beleuchtungsrhythmus. Dazu sollte der Züchter eine gewisse Jahresperiodik einhalten, die etwa folgendermaßen verläuft:

### Der ideale Jahresrhythmus

Den Winter verbringen die Tiere im Innenraum bei einer Temperatur von etwa 12 bis 15 Grad Celsius (daran müssen die Tiere langsam gewöhnt werden!) und einer Erhaltungsdiät. Im Frühjahr, wenn es draußen auf natürliche Weise wärmer wird, erfährt das Futterangebot eine Veränderung. Es werden mehr Obst, Gemüse, Grünzeug und Keimfutter verabreicht. Zudem erhalten die Tiere gelegentlich die Möglichkeit, für einige Stunden am Tag die Freivoliere aufzusuchen. Mit Einsetzen des wärmeren Frühlingswetters kann die Freivoliere nun täglich für die Vögel zugänglich gemacht werden. Das Keimfutter, die höheren Temperaturen und das zunehmende Sonnenlicht sorgen dafür, dass die Tiere Ende April/Anfang Mai in Brutstimmung kommen, den Nistkasten aufsuchen und das darin befindliche Nistmaterial für ihre Zwecke herrichten, indem sie es beispielsweise zerkleinern oder hinauswerfen. Oft erfolgt im Mai/Juni die Eiablage. Dann wird etwa einen Monat lang gebrütet und knapp drei wei-

*Die Tiere sollten einem natürlichen Jahresrhythmus ausgesetzt sein. (Foto: Conrad)*

tere Monate dauert die Aufzucht der Jungvögel. Spätestens im Oktober ist das Brutgeschäft abgeschlossen und danach beginnen die Tiere mit der jährlichen Mauser, die sie kurz vor Eintritt des Winters mit einem komplett regenerierten Federkleid beenden. Ab Anfang November folgt wiederum die Winterruhe bei verminderten Temperaturen und Erhaltungsdiät.

## Nistkästen

Ergänzt werden muss die Einrichtung einer Zuchtvoliere auf jeden Fall durch einen oder zwei Nistkästen. Die Höhe beträgt etwa 50 Zentimeter und die Grundfläche 25 mal 25 Zentimeter beziehungsweise 25 Zentimeter Durchmesser bei Naturstammhöhlen. Es gab in der Literatur dokumentierte Graupapageienbruten, die in wesentlich kleineren oder größeren Nistkästen, Plastiktonnen oder gar ausgedienten Kühlschränken (!) vonstatten gingen. Auf die Größe kommt es somit nicht genau an. Allerdings sollte man sich vor Augen führen, dass Graupapageien im Erfolgsfall unter Umständen zwei oder drei Junge zu betreuen haben. Daher soll schon ein gewisser Raum in den Nistkästen vorhanden sein.

Die Frage, ob ein Holznistkasten oder ein Naturholzstamm besser ist, lässt sich nicht eindeutig beantworten. In allen Nistkastenformen sind schon Graupapageienjunge aufgezogen worden. Die Naturstammnisthöhlen wirken ästhetischer bei der Volierengestaltung, sie sind aber teurer als die in der Regel selbst gebauten Holznistkästen.

*Naturstämme werden manchmal gern als Nisthöhle genutzt. (Foto: Pfeffer)*

Die Nistgelegenheiten werden im überdachten Teil der Freivoliere angebracht und möglichst hoch unter dem Volierendach aufgehängt, aber so, dass sie noch gelegentlich zu kontrollieren sind. Es empfiehlt sich auf jeden Fall, Kästen mit Kontrollöffnung zu verwenden, denn dann lässt sich eine Kastenkontrolle viel störungsärmer vornehmen, als wenn jedes Mal der gesamte Nistkasten von der Wand abgehoben werden muss, um von oben in die Nisthöhle zu schauen. Da Graupapageien kein eigentliches Nistmaterial verwenden oder von außen in den Kasten eintragen, wird eine Packlage von etwa 10 Zentimeter trockenem Holzmulm in den Kasten eingebracht. Dieser lässt sich im Wald aus dem inneren Kern von vermodernden Bäumen gewinnen, er soll aber trocken und bröselig sein und darf keine Schimmelbildung aufweisen. Die Tiere werden diese Einstreu entsprechend zurechtbeißen und eine Art Mulde daraus formen, in die das Weibchen zu gegebener Zeit seine Eier legt.

Und wie soll die Umgebung einer Zuchtvoliere aussehen? Es liegt auf der Hand, dass sehr offene Volieren, die zudem nahe an der Straße liegen und dauernd von Besuchern, Hunden und Katzen heimgesucht werden können, nicht das ideale Umfeld für eine sich anbahnende Graupapageienzucht sind. Eine ruhige Lage, möglichst eingebettet in eine Grünanlage und nur von einer Seite begehbar, ist ideal für die Zuchtvoliere einer sensiblen Großpapageienart. Während der Brutphase sollte man auch seine eigene Neugier etwas im Zaum halten und nicht ständig in den Nistkasten schauen.

## Balz und Brut

Wenn wir alle Voraussetzungen erfüllen, die Vögel in guter Verfassung sind und ihren Jahresrhythmus (vor allem den Mauserzyklus) synchronisiert haben, kommt es früher oder später zu ersten Balzaktivitäten und schließlich zur Kopulation, zur Eiablage und zur Aufzucht der Jungen.

Die Balz des Graupapageien verläuft manchmal recht unauffällig und auch nicht immer einheitlich. Oft wird man als Halter das Balzgeschehen seiner Tiere kaum mitbekommen, denn es findet vielleicht zu für Beobachtungen ungünstigen Tageszeiten statt oder verläuft so kurz und unauffällig, dass es schon wieder vorüber ist, wenn sich der Halter dessen gerade bewusst wird. Manche Vogelhalter berichten, dass ihre beiden (Stuben-)Vögel in schneller Runde im Wohnzimmer hintereinander herflogen, danach auf dem Käfig landeten, wo das Männchen in aufrechter Haltung in einer Art Imponiergehabe umherstolzierte. Dort kam es auch zum „Schnabelhakeln“, das vermutlich eine Vorstufe des Partnerfütterns darstellt.

Im weiteren Verlauf ist dann das Partnerfüttern zu beobachten, meist indem das Männchen das Weibchen füttert, gelegentlich aber auch umgekehrt. Der Kopulation gehen oftmals Impulse des Weibchens voraus, das sich mehrfach bemüht, auf den Rücken des Männchens zu steigen, ehe es umgekehrt zu einer natürlichen Kopulation kommt. Das Graupapageienmännchen besteigt das Weibchen mit beiden Füßen und die Tiere führen die Kopulation aus, indem sie unter seitwärts weg-

*Das Partnerfüttern ist Bestandteil des Balzverhaltens. (Foto: Conrad)*

gedrehtem Schwanzgefieder ihre beiden Kloakenöffnungen gegeneinander bringen. Weiterhin ist auffällig, dass während der Brutzeit selbst zuvor zahme Graupapageien sehr aggressiv gegenüber ihren Pflegern werden können. Sie verengen die Pupillen und plustern ihr Gefieder so stark auf, dass sie wie eine große Federkugel wirken.

Graupapageien legen in Menschenobhut drei oder vier, seltener fünf Eier, die bevorzugt vom Weibchen bebrütet werden. Ein Fall ist allerdings in der Literatur beschrieben worden, bei dem das Männchen zeitweise mitbrütete. Eiablagen wurden zu allen Jahreszeiten, mit einer gewissen Häufung in den Monaten Mai bis August, beobachtet. Das Legeintervall beträgt zwei bis drei Tage, die Brutzeit liegt bei 28 bis 30 Tagen. Die Nestlingszeit wird mit durchschnittlich elf Wochen angegeben.

*35 Tage alte Jungvögel (Foto: Pfeffer)*

## Entwicklung der Jungvögel

Die frisch geschlüpften Jungen sind fleischfarben und mit hellen Daunen bedeckt. Schnabel und Krallen sind schon zu Anfang dunkel. Mit zwölf Tagen öffnen sich die Augen, mit 14 bis 18 Tagen färbt sich die Haut grau. Die ersten Federkiele von Deck- und Schwungfedern schimmern mit 23 Tagen durch die Haut. Am 33. Tag ist der Kopf fast vollständig befiedert. Die ersten Ansätze des Schwanzgefieders sind um den 37. Tag zu sehen. Mit 48 Tagen haben die Schwingen eine Länge von 3 bis 5 Zentimeter. Um den 44. Tag stellen die Altvögel ihre nächtlichen Fütterungen ein, mit neun Wochen gehen sie nachts nicht mehr zum Hudern in den Brutkasten. Mit etwa zehn Wochen verlassen die Jungvögel erstmals den Nistkasten. Wenige Tage später findet bereits erstmals eine selbstständige Nahrungsaufnahme statt.

Die Irisfärbung der Jungvögel ist einem farblichen Wandel unterworfen. Sie ist zunächst dunkelgrau oder schwarz, wird im Alter von sechs bis acht Monaten hellgrau, danach weißlich und schließlich blassgelb, bis sie bei einem adulten Vogel in ein tiefes Strohgelb übergeht.

*Im Alter von acht Wochen sind Gefieder und Färbung schon gut ausgebildet. (Foto: Pfeffer)*

# Allgemeine Pflegemaßnahmen

Die Pflegemaßnahmen bei der Graupapageienhaltung lassen sich in zwei Bereiche einteilen: die Pflege der Vögel und die Pflege der Haltungsanlage.

Die Pflege der Vögel umfasst neben der regelmäßigen Fütterung und Darreichung von Spiel- und Beschäftigungsmaterial vor allem medizinische Maßnahmen, die ihrer Gesunderhaltung dienlich sind. Dazu gehören zum einen die regelmäßige Kontrolle und Analyse der Ausscheidungen. Eine halbjährlich vorgenommene Kotprobe gibt Auskunft über ihre Endoparasiten – und so gegebenenfalls über die Notwendigkeit einer Wurmkur – und auch andere Erkrankungen, die unter Umständen eine Therapie oder eine künftige Prophylaxe erforderlich machen.

Zum anderen gilt das Augenmerk dem Wachstum der Krallen und des Schnabelhorns. Krallen und Schnabel sollten sich in einer ordnungsgemäß eingerichteten Voliere bei jedem Vogel von selbst abnutzen, und zwar durch das Umfassen und Beknabbern von rauen Ästen und Zweigen. Wo dies nicht geschieht, liegen entweder Ausstattungsfehler vor (zu dünne oder zu glatte Sitzäste, zu weiche oder zu wenige Knabberäste und -gegenstände), oder es bestehen Stellungsanomalien der Krallen oder des Schnabels, sodass eine natürliche Abnutzung nicht möglich ist.

*Die Krallen der Vögel nutzen sich an Naturkästen von selbst ab. (Foto: Pfeffer)*

In beiden Fällen sind pflegerische Eingriffe nötig, im ersten Fall darüber hinaus eine Verbesserung der Volierenausstattung. Zur Krallenkorrektur wird der Vogel am besten mit Lederhandschuhen gegriffen, während eine zweite Person mit einer Nagelzange die Krallenkorrektur vornimmt. In der Regel müssen nur die Krallenspitzen etwas eingekürzt werden. Höher geführte Schnitte reichen schnell bis ins lebende Gewebe und verursachen dann Blutungen. In solchen Fällen soll der betroffene Vogel möglichst zügig wieder in seine Unterkunft gesetzt und dann ganz in Ruhe gelassen werden. Auf diese Weise kommt die Blutung meist schnell zum Stillstand und es sind keine weiteren Maßnahmen erforderlich.

Schnabelkorrekturen sind schwieriger, wenn es sich nicht nur um das Einkürzen der Schnabelspitze handelt. Besonders bei größeren Deformationen und den so genannten Schiefbeißern muss ein Fachmann zurate gezogen werden, der die Schnabelform wieder auf das rechte Maß zurechtstutzt und die Ränder abschleift, sodass die Nahrungsaufnahme für das Tier wieder normal vonstatten gehen kann.

Die Haltungsanlage muss ebenfalls sorgfältig gepflegt werden, um hygienische Probleme der Haltung von vornherein zu minimieren. Dazu gehört die regelmäßige Säuberung von Käfig, Vogelstube oder Voliere. Die Bodeneinstreu ist dabei auszuharken und bei Bedarf vollständig zu erneuern. Sitzäste und andere Ausstattungsgegenstände werden gegebenenfalls abgewaschen oder ersetzt, Futter- und Wassernäpfe sowie Badeschalen regelmäßig in heißem Wasser gespült und desinfiziert. Einmal jährlich (am besten nach der Brutzeit) empfiehlt sich eine Generalreinigung der Anlage, wobei der Bodenbelag vollkommen ausgetauscht, die Wände und Volierengitter gereinigt, bei Bedarf neu gestrichen und die Nistkästen gereinigt, repariert und desinfiziert werden sollen. Eine saubere Haltungsanlage vermindert nicht nur die Gefahr des Auftretens von Erkrankungen, sie besitzt auch weniger Anziehungskraft für Mäuse und andere Schadnager und bietet darüber hinaus einen weitaus ästhetischeren Anblick als die dauerverschmutzten Volieren mancher Züchter, deren „Einstreu“ aus einer mindestens 10 Zentimeter hohen Schicht an Futterresten besteht.

# Erkrankungen

Die Erkrankungsmöglichkeiten der Papageien sind so vielfältig, dass sie im Rahmen dieses Buches nicht vollständig abgehandelt werden können. Relativ häufig treten Erkrankungen des Verdauungstraktes und der Atmungsorgane auf. Mit beiden Fällen ist nicht zu spaßen. Aus einem harmlos erscheinenden Schnupfen oder einer Durchfallerkrankung kann sich bei Papageien schnell eine lebensbedrohliche Erkrankung entwickeln. Die genannten Symptome sind bereits die Anzeichen dafür. Es empfiehlt sich deshalb schnelles Handeln.

Abhängig vom Allgemeinzustand des Vogels (Ist er munter oder schläft er viel? Sitzt er aufgeplustert? Frisst er oder verweigert er die Nahrung?) wird er entweder in einen Krankenkäfig

*Ob ein Graupapagei erkrankt ist, lässt sich meistens nur durch einen Fachmann feststellen. (Foto: Conrad)*

unter Rotlicht gesetzt, mit Kamillentee und leichter Kost versorgt oder – in offensichtlich akuten Fällen – unmittelbar einem Tierarzt vorgeführt. Dabei sollte immer eine Kotprobe zur Untersuchung mitgenommen werden. Auf keinen Fall empfiehlt sich langes Herumdoktern ohne Hinzuziehung eines Fachmannes, denn das kann den Vogel unter Umständen das Leben kosten.

Aber selbst unter Beteiligung eines Tierarztes ist ein erkrankter Vogel nicht immer zu retten. Es sind durchaus nicht alle Kleintierärzte Fachleute für Vogelkrankheiten. Doch immer mehr Veterinärmediziner spezialisieren sich auf einen bestimmten Bereich und lassen sich zum „Fachtierarzt für Zier- und Wildvögel" ausbilden. Von ihnen sollte man eine gewisse Kompetenz bei der Diagnose und Therapie von Papageienkrankheiten erwarten können. Unter Umständen muss zwar ein längerer Anfahrtsweg in Kauf genommen werden, um den nächstgelegenen Fachtierarzt zu erreichen, aber dieser Aufwand ist meist gerechtfertigt.

Das Einfangen und der Transport des Vogels müssen möglichst schonend erfolgen, und zwar am besten in einer fast rundum geschlossenen Transportkiste, die nur mit einem schmalen drahtbespannten Ausguck versehen ist sowie eine Sitzstange und gegebenenfalls auch einen Futter- und Wassernapf enthält. In einem solchen geschlossenen Behältnis wird sich der Vogel sicherer fühlen als in einem Käfig. Nur sehr zahme Vögel, die nicht sonderlich schreckhaft sind und während der Fahrt den Kontakt zum Pfleger suchen, können auch in einem kleinen Drahtkäfig transportiert werden.

Der Tierarzt ist der zuständige Fachmann für alle organischen Erkrankungen. Er wird eine

*Ein Graupapagei, der sich abwechslungsreich ernährt, ist in der Regel völlig gesund. (Foto: Pfeffer)*

Diagnose stellen und aufgrund seiner Befunde Behandlungsvorschläge unterbreiten. Der Vogelpfleger sollte sich sorgfältig mit dem Tierarzt abstimmen und sich möglichst genau an seine Anweisungen halten, zum Beispiel bezüglich der Verabreichung von Medikamenten.

Neben den organischen Erkrankungen nimmt die Zahl der psychischen Erkrankungen mittlerweile immer mehr zu. Dies gilt in besonderem Maße für Graupapageien, die mit zu den sensibelsten Großpapageien gehören. In unverhältnismäßig großer Anzahl leiden sie in Menschenobhut unter Verhaltensstörungen aufgrund inadäquater Haltungsbedingungen. Das Federrupfen ist die bekannteste dieser Störungen. Bei der Therapie sind die Tierärzte oft machtlos, weil es hier kein einzelnes Symptom zu kurieren gilt, sondern eine Art systemischer Behandlung notwendig ist, bei der die Umgebungsverhältnisse und die Tier-Mensch-Beziehungen eine wesentliche Rolle spielen, die kaum von heute auf morgen umgestellt werden können.

## Das Federrupfen und andere psychische Erkrankungen

Das Federrupfen der Papageien ist ein altbekanntes Phänomen, das schon relativ früh in der Papageienliteratur beschrieben wurde. Über die Ursachen und Maßnahmen zur Abhilfe dieser Untugend waren und sind viele Spekulationen im Umlauf. Langeweile, zu geringe Luftfeuchtigkeit und falsche Ernährung, Licht- und Luftmangel, ungenügende Bewegungsmöglichkeit, Verfettung und/oder eine Mangelerkrankung, mangelnder Kontakt zu einer Bezugsperson oder die Ablehnung des menschlichen Pflegers, Parasitenbefall, Umweltbedingungen oder die Gesellschaft eines anderen federrupfenden Vogels galten als mögliche Ursachen.

Der deutsche Tiermediziner Manfred Heidenreich spricht als einer der ersten Tierärzte von einer psychischen Erkrankung des Vogels. Er unterscheidet zwischen menschengeprägten Vögeln, bei denen der Verlust der Bezugsperson oder mangelnde Beschäftigung zum Rupfen führen kann, und papageiengeprägten Vögeln (Wildfängen), bei denen eine allzu intensive Zuwendung dagegen zum Dauerstress wird und damit das Federrupfen auslösen kann. Auch die eintretende Geschlechtsreife eines Vogels und das Fehlen eines Geschlechtspartners werden von ihm als mögliche Ursache gesehen. Allerdings darf hier der Hinweis nicht fehlen, dass auch Juckreiz infolge von Hauterkrankungen schon frühzeitig als Auslöser für das Federrupfen genannt wird beziehungsweise Hauterkrankungen im Allgemeinen, Mangelerkrankungen sowie Stoffwechselstörungen für Federausfall verantwortlich gemacht wurden.

Bei den Rupfern reicht das Ausmaß der Erscheinungen vom gelegentlichen Beknabbern und Auszupfen einiger kleiner Federchen bis hin zur völligen Zerstörung des gesamten Gefieders, dessen Federn zudem von den Tieren ganz oder teilweise gefressen werden. Meist ist zuerst das Kleingefieder an den Schultern und an der Brust betroffen und nicht selten beschränken sich die Vögel über lange Zeit darauf, sich an diesen Stellen die nachwachsenden Federn immer wieder auszuzupfen. Andere Papageien hingegen beginnen zunächst mit dem Ausrupfen des Brustgefieders und verschonen im fortgeschrittenen Stadium dann auch die großen Federn nicht, bis schließlich sogar die Flügelschwingen und Schwanzfedern betroffen sind. Bis auf die Kopffedern, die für den Vogel nicht erreichbar sind, kann das Rupfen schließlich bis zur völligen Nacktheit führen.

Es wurde festgestellt, dass das Federrupfen bei Großpapageien mit Eintritt der Geschlechtsreife beginnt, bei Graupapageien also etwa ab dem vierten Lebensjahr. Ganz allgemein ist zu beobachten, dass das Federrupfen nicht zu allen Jahreszeiten gleichermaßen stark ausgeprägt sein muss. Manche Vögel rupfen oder zerbeißen sich ihr Gefieder nur ein einziges Mal oder wenige Male im Leben, andere rupfen sich periodisch (zum Beispiel im Winter bei besonders trockener Zimmerluft oder im Frühjahr mit Einsetzen der Brutzeit) über Jahre hinweg.

Eine besonders drastische Fortsetzung findet das Federrupfen dann, wenn es zur Selbstverstümmelung und zum Anfressen der Haut durch den rupfenden Vogel kommt. Diese Erscheinung wird als Automutilation bezeichnet und kann derart Formen annehmen, dass ein davon betroffener Vogel nicht mehr zu therapieren ist und schließlich euthanasiert werden muss.

Das Federrupfen wird heute – sofern keine organischen Erkrankungen, wie zum Beispiel Hauterkrankungen oder das gelegentliche Auftreten einer Keratodystrophie (Psittacine Beak and Feather Disease, PBFD), vorliegen – als multifaktorielle Erkrankung betrachtet, die in hohem Maße psychische Ursachen hat. Mangelhafte Haltungsbedingungen mit falscher Ernährung, unzureichender Unterbringung und Stressoren in Verbindung mit einer isolierten Einzelhaltung (dem Fehlen des Sozialpartners) führen zu einer vorwiegend psychischen Erkrankung eines Vogels, die verschiedene Erscheinungsbilder haben kann.

*Das Beknabbern der Füße dient der Reinigung und ist völlig normal. (Foto: Pfeffer)*

Viele Tierärzte stehen heute vor dem Problem, dass man in diesen Fällen von ihnen eine Art Heilung auf Knopfdruck verlangt: Man verordne ein – möglichst nicht zu teures und leicht zu verabreichendes – Medikament und mache damit dem Federrupfen von heute auf morgen ein Ende. Viele Vogelhalter wenden sich dagegen ab, wenn auf den komplexen Charakter der Erkrankung, unzureichende Haltungsbedingungen und auf die unter Umständen krank machende Beteiligung des Pflegers hingewiesen wird. Das wollen die Tierhalter oft nicht hören. Man muss dem Graupapageienhalter möglichst diplomatisch verständlich machen, dass Ernährung, Umgebung und die Tier-Mensch-Beziehung vollkommen neu zu strukturieren sind und zudem ein Partnervogel angeschafft oder eine geeignete Graupapageiengruppe gefunden werden muss, in die der Vogel integriert werden kann.

Daneben kommen weitere psychische Erkrankungen beziehungsweise Verhaltensmodifikationen beim Graupapageien vor. Sie lassen sich im

Wesentlichen auf die Krankheitsbilder des neurotischen Schreiens, der vermehrten Aggressivität und der Bewegungsstereotypien eingrenzen, Einzelheiten findet man in der entsprechenden Fachliteratur.

Ob das Sprechen der Papageien in die Reihe der pathologischen Verhaltensauffälligkeiten gehört, wird unterschiedlich bewertet. Zumindest stellt es im Rahmen der physiologischen Möglichkeiten der Vögel eine Art Überanpassung an das Leben in Menschenobhut dar, wobei der Vogel bemüht ist, mit seinem Pfleger in einen Lautkontakt zu treten, der für den Menschen in der Regel höchst amüsant ist, für den Vogel hingegen nicht selten frustrierend verlaufen dürfte. Denn das Kommunikationssystem zwischen Mensch und Vogel bleibt trotz dieser Nachahmungsanstrengungen gestört, wie es im nächsten Kapitel beschrieben wird.

*Eine artgemäße Haltung sorgt für gesunde Vögel ohne Verhaltensstörungen. (Foto: Pfeffer)*

# Das Nachahmungsvermögen der Graupapageien

Über Jahrzehnte hinweg wurden Graupapageien fast ausschließlich wegen ihres Nachahmungsvermögens gehalten. Um diese Sprechbegabung in Gang zu setzen, ist in der Regel die Einzelhaltung des Vogels und eine enge Tier-Mensch-Beziehung, eine Art Vertrauensverhältnis zwischen Vogel und Pfleger notwendig. Nur dann gibt der Vogel seine angeborene Scheu dem Menschen gegenüber auf, wird mit der Zeit käfigzahm und schließlich handzahm. Das Endergebnis ist ein vollständig zahmer Vogel, dessen Kontaktperson ein bestimmter Mensch ist. Mit diesem

*Wenn dieser Jungvogel viel Kontakt mit Menschen hat, wird seine Sprechbegabung sicherlich gefördert. (Foto: Pfeffer)*

versucht der Vogel in Kontakt zu treten. Eine seiner Möglichkeiten dazu ist die Lautimitation der menschlichen Sprache und von Umgebungsgeräuschen. Dieses “Sprechen” hat den Menschen immer wieder fasziniert – manchmal in einer Weise, die ihn für alle übrigen Bedürfnisse des Vogels völlig unsensibel macht. Als Beweis dafür mag gelten, dass einerseits völlig gesunde, psychisch intakte, aber nicht sprechbegabte Vögel schnell weiterverkauft werden, während selbst psychisch und physisch stark angeschlagene Vögel, wie zum Beispiel Federrupfer, durchaus erworben werden, wenn sie sich beim Vorbesitzer als Sprechkünstler erwiesen haben. Wie funktioniert nun und wozu dient das Sprechvermögen der Graupapageien?

## Grundlagen des Nachahmungsvermögens

Die viel gerühmte Sprechbegabung hat den Graupapageien weltweit zum Inbegriff des Papageien werden lassen. Es ist bis heute allerdings nicht hinreichend untersucht worden, wie überhaupt die Lauterzeugung bei Papageien funktioniert, warum gerade der Graupapagei über eine derart ausgeprägte Nachahmungsfähigkeit verfügt und welchem Zweck dieses Vermögen im Freileben dient, wo es – entgegen jahrelanger anders lautender Vermutungen – als Lautimitation von anderen Vogelarten und Säugetieren ebenfalls vorkommt.

Das Organ der stimmlichen Lauterzeugung bei Vögeln ist die Syrinx, die als unterer Kehlkopf an oder nahe der Gabelung der Luftröhre in die beiden Bronchien liegt. Die Techniken der Lauterzeugung sind zum einen zu wenig erforscht, zum anderen von Vogelart zu Vogelart, oft sogar zwischen den Geschlechtern einer Art, recht unterschiedlich, sodass sich hier kein einheitliches Bild der Lautäußerung der Papageien zeichnen lässt.

*Der Timneh-Graupapagei soll eine andere Art von Rufen haben als die Nominatform. (Foto: Conrad)*

Die Anzahl der im Verhaltensrepertoire vorkommenden Laute ist von Art zu Art sehr verschieden, so auch bei Papageien. In ersten und sehr vorläufigen Untersuchungen an einer Graupapageiengruppe mit beiden Unterarten zeigte sich, dass die Tiere über ein sehr differenziertes Lautgebungspotenzial verfügten, das sowohl natürliche Laute als auch nachgeahmte Umgebungslaute umfasste. Genauer analysiert wurden Laute zur Kontaktaufnahme, Lautäußerungen während des Spielens und während des Ruhens, wobei deutlich wurde, dass die jeweiligen Rufe bei den beiden Unterarten unterschiedlich waren. Leider wurde keine Auflistung aller festgestellten Laute und ihre Zuordnung zu den jeweiligen Funktionskreisen veröffentlicht. Neben den genannten sind – allein aus Beobachtungen an

*Graupapageien können in Verbindung mit bestimmten Situationen verschiedene Laute nachahmen. (Foto: Pfeffer)*

Käfigpapageien und in Zuchtanlagen – weitere Laute bekannt: Lockrufe, Warnrufe, Angstrufe, Nestlockrufe und andere mehr.

Im Lautgebungsrepertoire des Graupapageien kommt, wie schon erwähnt, auch das Lautimitationsvermögen vor. Diese Eigenschaft des Spottens teilen Graupapageien durchaus auch mit anderen Vogelarten, die gehörte und erlernte Gesangsteile, Rufe oder Geräusche in ihren Artgesang aufnehmen können. Warum gerade Graupapageien es in dieser Hinsicht zu einer solchen Meisterschaft, die weit über das Spotten hinausgeht, gebracht haben, ist bislang nicht geklärt.

Die biologische Bedeutung der nachahmenden Lautäußerungen ist nicht bekannt. Ganz allgemein wird angenommen, dass die Nachahmung der Papageien zum einen die innerartliche Verständigung verbessert. Besonders bei Arten, die in dichter Vegetation zu Hause sind, wo die Verständigung eher über Ruf- als über Sichtkontakte möglich ist, kann eine genaue Imitation der Stimme des Partnervogels im Gewirr der Stimmen der Artgenossen von Bedeutung sein. Dies gilt besonders für das Duettierverhalten, vorausgesetzt, dass die Lautäußerungen der Vögel einer Art individuell verschieden sind.

Zum anderen sind Fälle bekannt, in denen Papageien die Stimmäußerungen anderer Arten nachahmen und zur zwischenartlichen Kommunikation mit sympatrisch, also im gleichen geografischen Raum lebenden Papageienarten, zum Beispiel zum Zweck des Zusammenschlusses zur Feindvermeidung, einsetzen. Bestimmte Arten ahmen zu bestimmten Zeiten aber auch artfremde Laute von Beutegreifern nach, wodurch sie den Artgenossen gegenüber die Anwesenheit dieser Feinde oder Konkurrenten vortäuschen und sich auf diese Weise einen Vorteil, beispielsweise bei der Nahrungssuche, verschaffen.

Die Lautimitation steht in engem Zusammenhang mit dem Lernverhalten. Der Lernvorgang selbst ähnelt anfangs vermutlich dem Lernvorgang des Kleinkindes, das in direktem Kontakt zu seiner Mutter aufwächst. Jegliche Form von Lautäußerung hat für den Papageienpfleger einen Signalwert, anhand dessen er früher oder später erkennt, ob der Vogel Hunger oder Durst hat, Schmerz oder sonstiges Unbehagen verspürt. Nach einiger Zeit beginnt der Papagei, der in direktem Kontakt mit dem Menschen lebt, spielerisch und absichtslos seine Sprechfähigkeit auszuprobieren, insbesondere im entspannten Umfeld. Dies führt vorerst zu einer Lallphase, in der einige undeutliche Geräusche wiedergegeben werden. Schon bald danach gewinnen die Lautsequenzen Struktur, und die leicht zu bildenden Vokale a, e und o verbinden sich mit einfachen Konsonanten wie b, p, d, m und so weiter. Schwierigere Konsonanten, besonders Zischlaute, können anfangs kaum oder nur sehr undeutlich wiedergegeben werden. Mit der Zeit lernt der Vogel, Wörter oder kleine Sätze nachzuahmen, und verbindet sie gegebenenfalls auch mit bestimmten Situationen.

## Kategorien der Lautimitation

Horst Schmidt hat sich um eine Kategorisierung der Imitationsleistungen der Papageien bemüht. Seine Einteilung umfasst fünf Stufen, die in voller Ausprägung wahrscheinlich nur vom Graupapageien erreicht werden. Schmidt hat folgende Einteilung getroffen:

1. Einfache Lautimitation
2. Transponieren und Variieren
3. Lautäußerungen und Situationsbezug
4. Zweckdienliches Sprechen und Bedürfnisbefriedigung
5. Vorwegnahme erwarteter und/oder gewünschter Ereignisse durch entsprechende Lautäußerung

Zu einfacher Lautimitation sind sehr viele Papageien fähig, wenngleich manche nur sehr wenige und zudem den arteigenen Lauten ähnliche Geräusche und Töne wiederzugeben vermögen. Der Graupapagei hat es unter allen Papageien zu größter Meisterschaft im Nachahmen gebracht. Bei ihm klingen die wiedergegebenen Worte und Geräusche zum Teil so täuschend echt, dass mancher Vogelhalter schon in die Irre geleitet wurde, zum Beispiel wenn das Telefonklingeln oder der Türsummer nachgeahmt wird.

Die Fähigkeit des Transponierens, zum Beispiel einer gepfiffenen Melodie in eine höhere oder tiefere Tonlage als die ursprünglich erlernte, wird für den Graupapageien regelmäßig beschrieben, dürfte aber auch bei anderen Großpapageien in der einen oder anderen Weise vorkommen. Die Variation und Kombination erlernter Elemente zu neuen Lautfolgen ist ebenfalls vorwiegend vom Graupapageien bekannt.

Die dritte Stufe der Nachahmungsleistungen ist die des situationsbezogenen Nachahmens, der Assoziation. Die Nachahmung wird mit optischen oder akustischen Eindrücken der Situation, der die betreffenden Laute entstammen, verknüpft, sodass die Wiederholung der Situation fortan zum Auslöser für die Erzeugung der eingeprägten Laute wird. Insbesondere wird wiederum für Graupapageien beschrieben, dass sie zum situationsbezogenen Nachahmen fähig sind, also beispielsweise auf ein Klopfen hin „Herein“ oder auf das Telefonklingeln hin „Hallo, hier ist ...“ äußern.

Über die vierte Stufe, das zweckdienliche Sprechen und die Bedürfnisbefriedigung, finden sich ausführliche Hinweise in den nächsten Abschnitten.

Die fünfte Kategorie, die Fähigkeit der Vorwegnahme erwarteter und/oder gewünschter Ereignisse durch entsprechende Lautäußerung, die so genannte Antizipation (die eng mit der Assoziation verknüpft ist), ist ebenfalls hauptsächlich für den Graupapageien beschrieben worden. Als Beispiel sei der in der Literatur immer wieder erwähnte Graupapagei des Zoologen Otto zur Strassen herangezogen, der in mehreren Situationen gewisse Vorgänge antizipierte. Strassens Frau entnahm gelegentlich einem Schränkchen, dessen Tür früher gequietscht hatte, eine Likörflasche und schenkte zwei Gläschen für ihren Mann und sich ein. Hierbei beschrieb besagter Graupapagei im Voraus den ganzen Vorgang durch eine Folge passender Geräusche. Noch ehe die Frau an das Schränkchen trat, quietschte er, gab dann den Ton der klirrenden Gläser von sich, hierauf das schleifende Geräusch des herausgezogenen Flaschenkorkens und schließlich das „Gluck, gluck, gluck“, womit er das Ausgießen von Flüssigkeit aus einer Flasche imitierte.

Ob und inwieweit sich der Papagei den durch Lautäußerung beschriebenen Zustand wirklich herbeiwünschte, lässt sich nicht nachprüfen. Immerhin ist denkbar, dass diese hoch entwickelten Großpapageien die Fähigkeit besitzen, einen kleinen Schritt über die Nachahmungsleistungen der vierten Kategorie (zweckdienliches Sprechen) hinauszugelangen. Demnach würde sich der Inhalt der Papageiensprache vom Wahrgenommenen zum bloß Gedachten, vom Gegenwärtigen zum Zukünftigen vollziehen, in dessen Folge der Vogel wünschenswerte Ereignisse durch Lautäußerungen vorwegnehmen könnte. Aufgrund neuerer Forschungsergebnisse (siehe unten) bleibt aber eine gewisse Skepsis.

Neben den zahlreichen Liebhaberberichten, die auch heute noch hin und wieder in ähnlicher Form in den Vogelhalterzeitschriften zu finden sind, hat sich die Wissenschaft inzwischen mehrfach mit dem intellektuellen (Lern-)Verhalten des Graupapageien beschäftigt und war dabei unter anderem bemüht, dem Denken und Zählen, der Lautkommunikation, den Möglichkeiten des zweckdienlichen Sprechens, der Antizipation und der Abstraktionsfähigkeit des Graupapageien auf die Spur zu kommen.

*Ein Graupapagei lässt sich gut an Menschen gewöhnen und wurde daher früher gern als einzelner Sprechkünstler angeschafft, was aber nicht der artgerechten Haltung entspricht. (Foto: Pfeffer)*

## Vom unbenannten Denken und Zählen der Graupapageien

Versuche zum intellektuellen Verhalten des Graupapageien wurden bereits zwischen 1926 und 1959 durchgeführt. Es wurde zum Beispiel untersucht, wie weit Tiere ohne Zeichenhilfe "zählen" können. In verschiedenen Aufgaben erreichten alle Arten beim gleichzeitigen (Simultanversuche) und beim aufeinander folgenden Sehen von Gegenständen (Sukzessivversuche) die gleiche obere Grenze: Sie betrug bei Tauben 5, bei Wellensittichen und Dohlen 6, bei Gelbscheitelamazonen, Elstern, Eichhörnchen, Kolkraben und Menschen (ohne Zahlworte zu benutzen) 7. Graupapageien kamen in Simultanversuchen bis 7, in Sukzessivversuchen bis 8. Bei Simultanversuchen ging es darum, dem Muster entsprechend die passende Gruppe auszuwählen. Bei Sukzessivversuchen sollten die Tiere nacheinander eine gleiche Anzahl von Gegenständen auf Bildern erkennen und später so viele Köder aufpicken, wie sie zuvor auf einem Musterdeckel gesehen hatten.

Dann wurde ein Graupapagei darauf trainiert, nach zwei aufeinander folgenden Lichtblitzen ebenso viele Keksstücke aus einer Reihe wechselnd beköderter Schälchen zu finden. Die Anzahl der Blitze wurde bis zu der für Graupapageien erreichbaren Obergrenze von sieben Blitzen (= sieben Keksstücke) gesteigert.

Mit diesen Versuchen wurde der Beweis erbracht, dass die Vögel Gesehenes und Gehörtes ohne weiteres gleichsetzen konnten. Der Graupapagei erreichte stets die auch für den Menschen nachgewiesene obere Grenze und sicherte sich damit einen Platz unter der Hochintelligenz der untersuchten Tierarten. Mit diesen Untersuchungen hatte die Forschung erste Einsichten in das „unbenannte Denken“ und die Begriffsbildung von höheren Tieren gewonnen.

Diese Arbeiten wurden später unter veränderten Fragestellungen von der amerikanischen Anthropologin Irene Pepperberg fortgesetzt. An der Universität Chicago begann sie Ende der 1970er-Jahre mit dem Graupapageien Alex zu arbeiten. Sie zeigte zunächst, dass dem Graupapageien eine elementare Form von Sprache beigebracht werden konnte, mit der er in zwischenartlicher Kommunikation (mit dem Menschen) eine beschränkte Anzahl von Gegenständen zum Spielen und zum Essen bezeichnen, erbitten und ablehnen konnte. Dabei stellte sich heraus, dass der Vogel auch über ein gewisses Abstraktionsvermögen verfügte, denn er konnte auch Gegenstände richtig identifizieren, die zwar die gleiche Funktion hatten, sich aber von den erlernten Vorbildern unterschieden. Außerdem konnte er Formen wie Dreiecke, Vierecke oder Fünfecke und Farben richtig unterscheiden und all diese Dinge (Anzahl, Form, Farbe, Gegenstand beziehungsweise Material) mit einer hohen Trefferquote von über 80 Prozent richtiger Antworten miteinander kombinieren (Beispiel: drei grüne Schlüssel).

Irene Pepperberg zeigte mit ihren Versuchen, dass Graupapageien über verbale und kognitive Fähigkeiten verfügen, die weit über gewöhnliche Nachahmungsleistungen hinausgehen. Ob und inwieweit derartige Fähigkeiten aber mit der Auf-

*Obwohl der Graupapagei ein höchst interessantes Verhalten zeigt, wurden in letzter Zeit kaum neuere Forschungen vorgenommen. (Foto: Conrad)*

nahmefähigkeit und Einsicht gekoppelt sind, wie sie normalerweise mit der menschlichen Sprache verbunden sind, lässt sich nicht abschätzen. Es sei jedoch ausdrücklich davor gewarnt, derartige Fähigkeiten überzuinterpretieren, und vor allem davor, Graupapageien in ihrer Gesamtheit auf diesen einen Aspekt zu reduzieren.

Leider hat in den letzten Jahrzehnten das Interesse an der Verhaltensforschung bei Graupapageien nachgelassen. Es wurden kaum weitere Forschungen vorgenommen, sodass auf keine aktuelleren Ergebnisse hingewiesen werden kann.

# Ausblick

Ist nun, nach allem hier Aufgeführten, der Graupapagei überhaupt für die Heimtierhaltung geeignet? Oder sollte er besser in seinem Heimatland belassen und auf eine Haltung verzichtet werden, weil man seine Haltungsansprüche bisher nur unzureichend kennt und erfüllen kann? Die Antwort hängt von der eigenen Einstellung ab. Wer die Papageienhaltung durchweg kritisch sieht, wird genügend Argumente finden, die gegen eine Haltung sprechen: Massenfang, Artenschutzfragen, schlechte Transportbedingungen, falsch verstandene Tier-Mensch-Beziehung, häufig auftretende psychische Störungen.

Auch die Befürworter der Papageienhaltung werden diese Dinge nicht einfach wegdiskutieren oder ignorieren können. Sie haben aber die Möglichkeit, ihre Papageienhaltung nach tiergemäßen und artenschutzverträglichen Maßstäben zu gestalten. Dazu gehört zunächst der Verzicht auf Importvögel und die Bereitschaft, für elternaufgezogene Jungvögel mehr Geld zu bezahlen, als für Wildfänge gefordert wird. Ganz besonders wichtig ist darüber hinaus eine veränderte Einstellung zum Tier: Wer Graupapageien als Einzelvögel zähmen und zum Sprechen bringen will, wird letztlich an dieser Haltungsform scheitern. Geringe Käfiggröße, Einzelhaltung und eine falsch konzipierte Tier-Mensch-Beziehung führen in diesem Fall auf Dauer zum Frust für den Halter und vor allem für den Vogel. Letzterer ist natürlich besonders betroffen, denn seine Abhängigkeit vom Pfleger wird ihm früher oder später zum Verhängnis: Psychische Störungen und Neurosen, Federrupfen und Frustschreien bestimmen sein weiteres Leben – und das seines Halters.

Wer Graupapageien dagegen als biologische, soziale und hochintelligente Wesen sehen und verstehen möchte, ist auf dem richtigen Weg. Artgemäße Haltungsbedingungen lassen sich fast überall schaffen, wenn der Ansatz richtig gewählt wird. Dann kann der Papageienhalter über lange Jahre Freude an der Pflege und Beobachtung seiner Vögel haben, die ihn eines Tages vielleicht sogar mit Nachwuchs beglücken und ihm Einblick in Aufzucht, Sozialisation, Spiel- und Lernverhalten der Jungvögel gewähren.

*Wenn ein Graupapagei solch eine natürliche Entspannung zeigt, fühlt er sich wohl und genießt die artgerechte Haltung in einer großen Voliere. (Foto: Conrad)*

# Literatur


Brücher, H./van den Elzen, R./Fergenbauer-Kimmel, A./Pagel, T./Schuchmann, K. L./Schürer, U./Styrie, J.
**Mindestanforderungen an die Haltung von Papageien**
Fassung vom 10. Januar 1995, abgedruckt in: Jahrbuch Papageienkunde
S. 237–247, Magdeburg, 1995

Chapman, C. A./Chapman, , L. J./Wrangham, R.
**Observations on the feeding biology and population ecology of the Grey Parrot (*Psittacus erithacus*)**
Scopus 16, S. 89–93, 1993

Dittrich, L.
**Tiergartenbiologische Kriterien gelungener Adaptation von Wildtieren an konkrete Haltungsbedingungen.**
In: Militzer, K. (Hrsg.)
Wege zur Beurteilung tiergerechter Haltung bei Labor-, Zoo- und Haustieren
Schriftenreihe Versuchstierkunde
Heft 12, Berlin und Hamburg, 1986

Forshaw, J. M.
**Parrots of the World. 3rd ed**
Melbourne, 1989

Gautier, J. P./Cruikshank, A. J./Chappius, C.
**Vocal mimicry in wild African Grey Parrots**
(*Psittacus erithacus*). Proc. VIII. Pan-Afric.
Ornithol. Congr., S. 435–439, 1993

Gesner, C.
**Vogelbuch. 2. Auflage, Teil 2**
bearbeitet von Georg Horst
Frankfurt am Mayn, 1669
Nachdruck 1981, Schlütersche Verlagsanstalt,
Hannover, unter Verwendung des Originals der
Niedersächsischen Landesbibliothek Hannover

Goebel, A.
**Bruterfolg in einer Graupapageiengruppe**
Papageien 11, S. 260–264, 1965

De Grahl, W.
**Der Graupapagei**
Stuttgart, 1976

Hediger, H.
**Mensch und Tier im Zoo**
Tiergarten-Biologie
Rüschlikon, Stuttgart und Wien, 1965

Heidenreich, M.
**Zum Problem des Federfressens**
Die Voliere 2, S. 63–64, 1979

Herkenrath, P./Lantermann, W.
**Flieg Vogel oder stirb**
Vom Elend des Handels mit Wildvögeln
Göttingen, 1994

Juniper/Parr
**Parrots – A Guide to the Parrots of the World**
Sussex, 1998

Koehler, O.
**Vorsprachliches Denken und „Zählen" der Vögel**
In: Mayr, E./Schüz, E. (Hrsg.)
Ornithologie als biologische Wissenschaft
S. 125–146, Heidelberg, 1949

Lantermann, W.
**Großpapageien – Wesen, Verhalten, Bedürfnisse**
Stuttgart, 1990

Lantermann, W.
**Verhaltensstörungen bei Papageien – Entstehung, Diagnose, Therapie**
Stuttgart, 1998

Lantermann, W.
**Möglichkeiten und Grenzen der Gruppenhaltung von Blaustirnamazonen (Amazona aestiva) und Graupapageien (*Psittacus erithacus*)**
Gefiederte Welt 122, S. 210–213, 1998

Lantermann, W.
**Einfache Möglichkeiten zur Beschäftigungsförderung von Papageien**
Gefiederte Welt 123, S. 10–13, 1999

Lantermann, W.
**Papageienkunde**
Berlin, 1999

Luft, S.
**Der Graupapagei**
Augsburg, 1994

Pepperberg, I. M.
**Functional vocalization of an African Grey Parrot (*Psittacus erithacus*)**
Zeitschrift für Tierpsychol. 55,
S. 139–151, 1981

Robiller, F.
**Käfige und Volieren**
Wiesbaden und Berlin, 1989

Ruß, K.
**Der Graupapagei. 2. Auflage**
neu bearb. von K. Neunzig
Magdeburg, 1909

Schmidt, H.
**Sprechende und nachahmende Vögel**
Minden, 1978

Strunden, H.
**Die Namen der Papageien und Sittiche – Herkunft und Bedeutung**
Bomlitz, 1986

Strunden, H.
**Der Graupapagei im Altertum**
Die Voliere 10, S. 25–27, 1987

Wagener, V./Lantermann, W.
**Die afrikanischen Großpapageien**
Augsburg, 1990

Wolf, P./Kamphues, J.
**Zur Ernährung von Papageien – Fragen und Antworten**
Jahrbuch Papageienkunde 1, S. 143–162,
Magdeburg, 1995

Zimmerman, D. A./Turner, D.A./Pearson, D. J.
**The Birds of Kenya and Northern Tanzania**
London, 1996

**Zeitschriften für Papageienhalter:**

**Die Gefiederte Welt**
Ulmer Verlag, Stuttgart

**Die Voliere**
Schaper Verlag, Hannover

**Papageien**
Arndt Verlag, Bretten

**WP-Magazin**
Arndt Verlag, Bretten